マッターホルン最前線

ヘルンリ小屋の日々と山岳レスキュー

Der Wächter des Matterhorns

Mein Leben auf der Hörnlihütte

Kurt Lauber
mit Sabine Jürgens

クルト・ラウバー

ブルンネル淑美・西村志津 共訳

Toshimi Brunner-Tsai
Shizu Nishimura Brunner

東京新聞

撮影／小川清美

マッターホルン最前線

ヘルンリ小屋の日々と山岳レスキュー

DER WÄCHTER DES MATTERHORNS
by Kurt Lauber

Published by arrangement with Droemersche Verlagsanstalt Th. Knaur Nachf., Munich, Germany
through Meike Marx Literary Agency, Japan

絶対に変わらないもの
日本語版に寄せて

二〇一二年にドイツ語で書いた自分の本を初めて手にした時の誇らしい気持ちは、今でも忘れられない。それから三年経ち、日本語版が出版されることになった。多くの日本人客をマッターホルンに案内した自分としては、さらなる光栄である。日本人と会話するのは困難だった。今回の訳本は、多くの日本人にマッターホルンのことをより身近に感じてもらう良い機会になると思う。ヘルンリ小屋の管理人になってすでに二十年目のシーズンが終わろうとしている。一九一一年に建設された小屋は百三年の歴史を誇る。一八六五年七月十四日のマッターホルン初登頂から百五十周年に当たる二〇一五年を目指して、小屋は現代の要望に適した設備に改装されることになった。

ヘルンリ小屋の改装は二〇一三年に始まった。標高三二六〇メートルでの工事は五月から十月の終わりまで可能だ。三人でチームを組み、小屋で六カ月間もの長い夏シーズンを過ごして、二年経った。通常、小屋は六月末から営業を開始するので、この例外の二年間は格別に長く感じた。二〇一四年、工事で閉鎖されている小屋に一般客は来なかったが、毎日三十人ぐらいの労働者の食事の世話をした。現場でいろいろなアドバイスをし、その他諸々の仕事もあった。数百回に及ぶ材料供給用のフライトの手配もした。

厳しい工事期間だったが、多くの感動もあった。涙しながら微笑んで、古い伝統に別れを告げた。もうすぐ長年の夢が実現する。マッターホルン初登頂の百五十周年記念祭が二〇一五年の七月初旬に開催される。小屋の改装はそれまでに完了し、再び営業が始まる予定だ。改装後の小屋はお客様に今まで以上の快適さを提供する。部屋は大きくなり、水道も小屋内まで引かれる。百年前からずっと屋外にあったトイレも屋内に設置される。食堂には大きな窓が取り付けられ、息をのむほどの景観が一望できる。

スタッフの仕事も大いに楽になるだろう。これからはこの格別な所で働いてくれる人を見つけるのも、いままでより容易になるに違いない。ただし、一日の労働時間が長いのは変わらない。

多くの改良がなされたが、これからも状況に順応していくことになるだろう。しかし、絶対に変わらないと確信して言えるのは、マッターホルンだ。

幸運を祈りつつ

クルト・ラウバー

二〇一四年十一月

100 年以上の歴史を誇るヘルンリ小屋は、現代の要望に適した設備に改装され、2015 年の夏にリニューアルオープンされる。トイレも屋内に設置され、食堂の大きな窓から素晴らしい山の世界を眺望できる。上下とも新しいヘルンリ小屋。

取付までは徒歩数分。小屋は新しくなっても、雄大に聳えるマッターホルンは変わらない。

写真提供／クルト・ラウバー

Nachdem ich mein Buch 2012 auf deutsch geschrieben habe war ich sehr stolz als ich es zum ersten Mal in den Händen halten durfte. Nun drei Jahre später erscheint es auf japanisch und dies ehrt mich um so mehr da ich schon viele Gäste aus Japan auf das Matterhorn führen durfte. Oft war die sprachliche Verständigung schwierig und so bin ich überzeugt durch die japanische Ausgabe noch mehr Menschen das Leben am Matterhorn näher zu bringen.
Für mich als Hüttenwart ist es inzwischen bereits die zwanzigste Saison, die zu Ende geht und für die Hütte, die 1911 gebaut wurde, sind seither stolze 103 Jahre vergangen. So war es an der Zeit- vor allem auch im Hinblick auf die Hundertfünfzig-Jahrfeier anlässlich der Erstbesteigung des Matterhorns (am 14. Juli 1865)- die Hütte den heutigen Ansprüchen und Bedürfnissen anzupassen.
Seit 2013 wird die Hörnlihütte umgebaut. Zwischen Anfang Mai und Ende Oktober leben und arbeiten wir somit schon den zweiten Sommer sechs Monaten lang zu dritt auf 3260 Meter Höhe. Deshalb war es für uns ein ungewohnter und zugleich langer Sommer, denn normalerweise öffnen wir die Hörnlihütte immer erst Ende Juni.
Aufgrund der Bauarbeiten blieb die Hütte im Sommer 2014 für die Öffentlichkeit geschlossen, Gäste mussten somit zwar nicht betreut, aber täglich bis zu dreißig Bauarbeiter verpflegt, die verschiedensten Arbeiten auf der Baustelle begleitet sowie die Logistik der vielen hundert Versorgungsflüge koordiniert werden.

Es liegt eine sehr spannende, aber auch anstrengende Zeit hinter uns. Mit einem lachenden und einem weinenden Auge nehmen wir Abschied von der alten, traditionsreichen Hütte mit ihren altbewährten Abläufen. Aber sehr bald wird der lang ersehnte Traum von einer neuen Hütte in Erfüllung gehen. Anfang Juli 2015 gerade rechtszeitig auf das 150 Jahr Jubiläum der Erstbesteigung des Matterhorns wird die Hütte nach Abschluss der Bauarbeiten wieder eröffnet.
Die neue Hütte wird für unsere Gäste zukünftig viel mehr Komfort bieten. Grössere Zimmer, fliessendes Wasser und die Toiletten direkt im Haus und nicht mehr draussen neben der Hütte wie vor 100 Jahren.
Der Speisesaal mit grossen Fenstern der eine atemberaubende Aussicht garantiert.
Auch für uns dem Hüttenteam wird die Arbeit um vieles einfacher und so hoffe ich auch, dass es in Zukunft einfacher sein wird Mitarbeiter zu finden die bereit sind an einem so ungewöhnlichen Ort zu arbeiten.
Was jedoch sicher bleiben wird, sind die sehr langen Arbeitstage.
Einiges hat sich verändert und vieles wird sich der Situation noch anpassen müssen. Was jedoch mit Sicherheit unverändert bleiben wird ist das Matterhorn.
Mit besten Wünschen

Kurt Lauber
November 2014

新雪のマッターホルン北壁（撮影／小川清美）

マッターホルン最前線◆目次

グラフ

写真協力＝小川清美、西村志津
装丁・本文組＝竹田壮一朗
校閲＝海津正彦

山上の貴重な物語を

Vorwort

今は八月、私はヘルンリ小屋の小さなキッチンに座っている。マッターホルンの直下、標高三二六〇メートル、周りは氷河の世界、二十九座の四千メートル峰に囲まれている。

寒い。二日前から雪が降り続いている。テラスにはすでに雪が五十センチ以上積もっている。キッチンだけなんとか暖かい。一九一一年に建てられた古い小屋なので暖房があるのはキッチンだけだ。新雪が降りマッターホルン登攀が不可能になったので、もう何日も誰も登っていない。ハイキングをしてここまで登ってくる日帰り客もいない。この天候の中で、あの勾配のきつい登山道を二時間も歩いて来るのは危険だ。そして息をのむほど素晴らしいあの肝心のパノラマが全く見えない。

あまりする事はない。おかげで神と世界について思いを巡らせる時間が持てる。ここはそんなことを考えるには最適の場所だ。悪天候の中、標高三千メートルを超える場所にある人里離れた山小屋。テレビも、インターネットも、新聞も、気分転換できるものは何もない。

アルプスの中でも最も有名で訪問客の多い山小屋の一つ、ヘルンリ小屋。その山小屋番になってすでに十六年になる。天候の良い時には、百七十台のベッドが予約でいっぱいになり、テラスも満席だ。ここには電車も道路も通っていない。二時間歩き通した者だけが、マッターホルンに手が届きそうなほど間近なこの小屋に到達できる。たくさんの人が一度は実現したい夢。険しい山道を登って来た人たちはお腹を空かし、スープ、レシュティ(注)、スパゲッティ、自家製フルーツケーキを平らげる。満腹になったら幸せな気分でツェルマットまで下山していく。もっとゆっくりしたい人は山小屋に泊まる。マッターホルン登頂を目的としない人もヘルンリ小屋に宿泊するのだ。

午後遅くなると、ヘルンリ小屋を起点にマッターホルン登頂を目指す登山者たちがやってくる。彼らは早朝四時に暖かいベッドを離れ、ヘルンリ稜を登り始める。登攀を目的としないハイカーたちは寝返りをうち、まだ夢の中。しかし彼らも六時ごろには起きる。日の出の素晴らしいパノラマを鑑賞するためだ。

人にはそれぞれ個性があるように、ここまで来る人の動機は様々だ。ヨーロッパ、アジア、アフリカ、南米、北米、オーストラリア、つまり世界中の人たちが訪れる。多くの山岳ガイドも客と共にやって来る。経験のある登山者、少ない者、あるいは全く経験のない者もいる。しかし皆、目的は同じ。おそらく世界で一番美しい山、マッターホルンになるべく近づきたい、あるいは登頂したいのだ。幸運なことに、山小屋をあずかる私はこのような人たちを通じて、いろいろ興味深いことを体験できる。登頂して喜びに溢れる登山者のことだけを指しているのではない。毎日の生活の小さな事、たとえば小屋まで登ってきたハイカーたちが、山の世界の美しさに驚き感動している時、われわれヘルンリ小屋のスタッフも一緒にその喜びを分かち合う—そんなことを指している。

しかし自然は時として残酷な顔を現し、悲劇がおこる。行方不明になる登山者、山で命を落とす者、残された家族の「なぜ?」という絶望的な感情。近年だけでも数百人がマッターホルンで命を落としている。そういう悲しいことは忘れようとしてもなかなか心から消えない。

とりわけ昼夜を問わずヘリや徒歩で多くの救助活動をしてきた登山者や山岳ガイドの話は尽きない。いろいろな性格の人が山小屋にやってきて、私の仮の家族、すなわち五人のスタッフと多くの話をする。そんなことを考えながら、小屋のキッチンに座っているうち、私はある思いにとらわれていた——前世代の山岳ガイドや小屋番が見聞きし、体験した貴重なあれこれが、過去となり消え去っていく。それが本を書こう、と思ったきっかけだ。結果がどうなるか、私にはわかっている。部屋に閉じこもって多くの時間をパソコンの前で過ごすということだ。過去二十五年の間、自分が締め切った部屋で働くなんてことは想像もしなかったことだが……。

注＝Rösti ロシュティとも表記する。ジャガイモを細かく千切りにするか、摺り下ろして、フライパンで焼き固めた、いわばポテトパンケーキ。スイスの代表的な郷土料理

ヘルンリ小屋

Die Hörnlihütte

ヘルンリ小屋での生活は人生そのもの、様々なストーリーが詰まっている。
一八六五年七月、英国人のウィンパー、ダグラス、ハドソン、ハドウ、フランス人のクロ、スイス人

のタウグヴァルダー父子がマッターホルン初登頂を果たした。登頂不可能と思われていたこの雄大な山が征服され、登山愛好家やマッターホルンのファンがどんどんこの山村に押しかけてくるようになり、宿泊施設が必要になってきた。こうして一八八〇年にベッドを十七台備える最初のヘルンリ小屋が完成、なんと標高三二六〇メートルに建てられたのである。新しい時代に適応していくために、数十年間に幾度かの改築が繰り返された。最後の増改築は一九八二年に行われ、百七十人収容できる山小屋が誕生した。

前任者のフランツとハイディは十五年間、ヘルンリ小屋を経営していた。当時、山岳ガイドとして働いていた私は、よくこの小屋に立ち寄り、楽しい時間を過ごしたものだ。その頃の私のパートナーで、現在の妻レベッカは、ヘルンリ小屋のチームの一人として一シーズン働き、その生活に魅了されていた。標高の高い小屋での夏の生活は、忘れられない強い印象を残す体験だったようだ。そういう訳で一九九四年に山小屋の管理人職に空きが出た時、妻はすぐ私に応募するように勧めた。私自身が新しい職に挑戦してみたいと心が躍るようになるのに、長い時間はかからなかった。妻はうまく私を説得したのだ。私たちは正式に応募し、全ての必要条件を満たした後、認可を得た。それ以来、山小屋で働く魅力の虜になってしまった。それは今日でも変わらないし、とうの昔に息子のケヴィンにも影響を与えている。

今日、ヘルンリ小屋は古くなってしまい、二〇一五年のマッターホルン初登頂百五十周年記念までに完全に修復することになった。小屋の古い壁に埋もれている思い出が、新しいものと代わる前に、山小屋での生活をこの本に書き留めることにした。

シーズン始まり

Die Saison beginnt

多くの道がマッターホルン頂上へと続く。その中のひとつがヘルンリ稜を登るルート、いわゆるノーマルルートと呼ばれる道だ。登攀を目指すほとんどの人が登りと下りに利用する、まさに岩盤だけのルートだ。この道の状態が良いのは、稜線に雪が残っていない時だけ。一年にせいぜい三カ月、たいていは六月末から九月末までの間のみだ。それゆえに、ヘルンリ小屋はこの間だけオープンする。それ以外の期間は冬眠ということになる。

今年の夏も私たちは六月末になってから、やっと山小屋を長い冬眠から目覚めさせた。私たちというのは、私と五人の従業員たちのこと。毎年たくさんの人がヘルンリ小屋で一シーズン働きたいと応募してくる。しかし、人里離れた山小屋で働くということが、ロマンチックなものだと勘違いしている人が多い。山小屋の周りは、絵のように美しく牧歌的だが、この標高での生活と仕事は厳しく、不自由も多くきつい。それゆえに、応募してくる人に、私はあらかじめ詳細を述べた手紙を出すことにしている。手紙を出す目的の一つは、私の要求と期待をはっきりと伝えること。二つ目は、夢見るような甘い考えを最初から取り除くこと。そうしなければ、期待と現実の差が大きくなりすぎ、失望が大きくなってしまうからだ。仕事がきついとか、毎日シャワーを浴びることができないなどと言っていらいらする従業員を、シーズンの途中に何度も入れ替えるわけにいかない。

私の手紙の内容

以下に山小屋の一般情報を明記します。山小屋での生活が実際にどのようなものであるか想像して下さい。

ヘルンリ小屋
標高 3260 mにある質素な山小屋。170 人の宿泊施設とテラス席を 90 備えています。宿泊客の約 80%はマッターホルン登頂希望者で、大多数が山岳ガイドと一緒にやって来ます。昼には、ロープウェイの駅から 2 時間かけて歩いてくる日帰りハイカーが訪れます。

ヘルンリ小屋で働くということは
チームワーク、様々な客への関心、長い 1 日、山で起きる悲劇、自主的に仕事をする、ほとんどないプライバシー、協調性。

応募条件
外国語の知識（英語、フランス語。イタリア語とスペイン語ができればなお良い）、レストランでの労働経験、チームの一員として働けること、適応性、チームと客への親切心、体力、信頼性、モチベーション。

私達のチーム
料理人１名、サービス用の従業員３名、補助２名（息子のケヴィンと私。ただし、私は手伝う時間はほとんどなし）
晴天の日は仕事が長時間続いてきついが、悪天の日はあまりすることがないので、その分の埋め合わせになる。悪天候の後に良い天気が続き、忙しくなりだすと、嬉しくなるものだ。

晴天時のヘルンリ小屋の仕事は下記のようなものである。
8時：仕事スタート：朝食サービス、ケーキ焼き、食堂とテラスの準備、飲み物の補充等。
11時：チームの昼食。
15時まで：テラスか食堂にてサービス。
15時～19時まで：受付、22時まで飲み物販売。（1時間の昼休憩あり）
19時半：客への夕食サービス（スープ、メニュー、デザート）
20時半：チームの夕食
22時半：仕事終了

契約期間
開始6月28日、終了9月20日。休祝日を取らずに働いた場合、最後にその日数分の賃金を支払う。通常、約10日間～14日間休みなく働いた後、4日間の休日を取ることができる。

初日の仕事
6月28日（月）9時に、ツェルマットのエアーツェルマット・ヘリポートに集合。ヘリコプターで山小屋に飛ぶ。

持ち物
寒い日と暖かい日の衣服と靴、リュックサック、懐中電灯、目覚まし時計、サングラス、洗面道具など。初日だけ山小屋が湿っていて寒いので、自分の寝袋を持って行く。

小屋の洗濯物は、1週間に1回ヘリコプターでツェルマットまで運び、洗ってもらう。個人の洗濯物も出してよい。

その他：水不足について
小屋は3000 mの標高にあり、水の供給は雪解け水のみに頼っている。すなわちこの貴重な水は節約して使わなければならない。例えば、食器洗い、トイレ。シャワーは1週間に1回。

私にとって大切なのは、チームにとけこんで、良いチームワークを守ってくれる人を探すこと。そのために近々１回お会いできたら嬉しいです。

もしこのような状況に自分が適していると思われるなら、どうぞご連絡ください。

ツェルマットより
クルト・ラウバー

私たちは今年、六月二十八日の早朝ツェルマットのヘリポートに集合した。ステファンはコック、食事を担当して三回目の夏。ヤスミンはすでに十一回目、ステファニーはチームに入って二回目、マルティーナは初めての夏を過ごす予定だ。大人に成長した息子のケヴィンは、三歳から同行している。私はすでに幾度もの夏を経験し、ほとんど毎年同じことを繰り返している。そう、ほとんど。だが、まったく同じ夏は二度と来ない。

山小屋へ行く前に、妻のレベッカに別れを告げる。レベッカは三年前まで協力して、夏は一緒に山小屋で過ごしていたが、今はツェルマットの新しい家で夏を過ごす。賃貸しているアパートに滞在する観光客の面倒を見なければならないからだ。私たちが再会するのは早くとも約一カ月後になる。

六名のチームは自分たちの全ての荷物と必要な食料品を用意して、山小屋での生活を思い浮かべながら、ヘリポートに立っている。上にはどのくらい雪が積もっているだろうか。このチームはうまくいくだろうか？　そもそも気が合うのだろうか？　私たちはこれから三カ月間家族になり、狭いスペースで、プライバシーもほとんどない状況で一緒に生活しなければならない。十八時間労働の日もあるだろう。そんな日の夜の休息時間は短くて、ほとんど回復できない。悪天候で何日も六人以外の誰にも会わないこともある。救助活動も数多く発生するだろう。成功することもあれば、悲しい結果に終わることもある。夏は毎年繰り返しやって来る。山小屋に行く前からだいたい何が起こるかは分かっている。しかし、同じ夏は決してこない……。

ヘリコプターが飛び立つと、数分後には狭い稜線の上にポツンと建つ山小屋が見えてきた。これから三カ月間、私たちが住む家だ。

一八八〇年に三千スイスフランを投じて建てられた最初の山小屋は、ベッド数十七のとても質素な宿泊所だった。スイス山岳会が最初の持ち主だったが、その頃の山小屋には小屋を管理し、登山者の世話をする「山小屋番」がいなかった。当然ながら、数年で山小屋はとても悪い状態になっていた。

一九一一年にツェルマットのブルガー村会が四十ベッドの山小屋に増築した。当時の名前は「山小屋ホテル　ベルベデーレ」だった。以来、山小屋は管理され、夏にやって来る客が気持ちよく過ごせるように経営されている。

二十世紀初めの山小屋の経営は、当然ながら今日と比較できるものではない。百年前のヘルンリ小屋の衛生状態は全くひどいものだった。どちらかというと登山者の避難小屋のような所で、必要以上に長く滞在するところではなかった。そんな所に滞在して働くのは厳しく、いろいろなことを我慢しなければならなかった。シャワーはなく、山小屋番や従業員の個室もない。ラジオも電話もなく、世界から切り離されたようだった。食料品の注文も今日に比べると相当複雑だった。当時はまだヘリコプターがなく、食料品はラバに載せてツェルマットから運んでいたのである。

当時の山小屋の生活は確かに不自由なことが多かったが、ストレスや慌ただしさはなかった。客も大きな要求はせず、少しのことで満足していた。現在ハイシーズンには一日四百人もの客が小屋にやってくる。私の労働は朝三時三十分に始まり、夜遅くまで続く。毎日慌ただしく、複雑だ。

唯一、昔から変わっていないのが、水不足という問題だ。百年前と同じように、現在もここで水を手に入れるのは容易ではない。サハラに生きる遊牧民、トゥワレグ人のように私たちも水を手に入れるためには、いろいろ工夫しなければならない。改装後の新山小屋では、この水問題が解決されるといいのだが……。

マッターホルンは先シーズンから全く変わっていない。ヘリコプターで近づけば近づくほど、威厳を感じる。堂々とゆるぎなく聳えている山、常に敬意を抱き、侮ってはならない山だ。

約十五分間で、一八〇〇メートル上がり、山小屋に到達した。ヘリコプターはヘルンリ小屋前の、先シーズンの終わりに片づけたまま、まだ何もないテラスに着陸する。雪がたくさん残っており、一部は建物の二階まで届いている。マッターホルンも白く、側面はたっぷりの雪で覆われている。シーズンが始まり、最初の客が来るまでに、雪が融けてくれなくては困るが、その他にもいろいろな準備をしなければならない。

初めての客

Unser erster Kunde

山小屋を冬眠から起こす準備をしている間に、昔のシーズン始まりの出来事を思い出す。山にはまだ雪が多すぎ、訪れてくる客も、案内する山岳ガイドも来ていなかった。しかしながら、私たちは準備で忙しかった。雪かき、部屋の掃除、食料品の仕分けなど全て、小屋に息を吹き込み、再び甦らせるために必要な仕事だった。一段落し、夕食後にまだ皆で台所に座っていた。妻のレベッカだけがすでに自分の部屋に退いていた。突然レベッカが階段を降りてきて、興奮した様子でキッチンに駆け込んできた。彼女は外で助けを呼ぶ声を聞き、窓を開けると、足をひきずって小屋の方向にやって来る一人の男が見えたと言う。

私はすぐに上着をはおってテラスに出た。夕闇が迫っていたが、男をまだ認識することができた。近づいていくとかなり傷ついているように見えた。服はずたずたに引き裂かれ、片方の靴にはまだアイゼンが固定されていたが、もう一方のアイゼンはストラップにひっかけて引きずっていた。手と足に怪我をしているようだ。顔が血だらけになっているところから、頭にも傷を負っているに違いない。

怪我の状態をゆっくりと落ち着いて観察するために、男をキッチンに連れて行き、とりわけ頭を入念に調べた。まだ判断力があるか、すなわち脳に損傷がないかどうかを調べるために、男にいくつかの質問をした。

「名前は？　どこから来たんだ？　何歳だ？」

特に知りたかったのは、一人だったのか仲間がいたのかということ、そのために事故の経緯を聞いた。男はなんでもなかったように冷静で、私の質問にも難なく答えていた。チェコ出身で、四十五歳、一人で山を登っていたと言う。十五センチ近くある頭の傷から激しく出血しているが、頭蓋骨は大丈夫のようだ。

山小屋には緊急時に最低限必要な薬品しか備えていない。だからこのような非常事態の時は、自分の長年の救助活動経験と、毎年行われる救助コースの医療講習で学んだ知識が役に立つ。

私は傷口を消毒し包帯を巻いて、ヘリコプターで病院に行って診察を受けるように提案した。しかし男は
「いや、病院には絶対に行かない。保険をかけていないんだ！」と、きっぱりと断った。

「入院するお金はない。大丈夫だ。痛みもない。今晩はこの山小屋に泊まらせてもらい、明日の朝、ツェルマットまで歩いて下りたい。それが僕の一番望んでいることだ」と言う。しかし、私はそれには賛成できなかった。もし夜中に容体が悪化したら、あるいは翌朝、下山する途中で何か起こったら、私が非難されるだろう。一番近くのロープウェイの駅まででも、急な雪の坂道を二時間は歩いて行くのだ。

事故の原因について男は
「一時間ほど前にヘルンリ稜の標高三九〇〇メートル地点で、アイゼンを出そうとしてリュックサックを下した。アイゼンを靴に取り付ける際に滑り、五十メートルほど滑落した。そこからヘルンリ小屋ま

で歩いてきた」と言った。

私はすぐにそれはおかしいと思った。怪我をしていない健康な登山者が、単独で確保せずに歩いても、事故が起こったという所からヘルンリ小屋まで、少なくとも三時間はかかる。このチェコ人が言うように一時間で下りて来るなど、絶対に無理だった。

ヘルンリ稜はしばしば簡単だと過小評価される。しかし、稜線はとても長く、状態の悪い時、たとえば積雪の多い時はとても困難になる。

ルートを遮る岩場を回り込む時やトラバースする時、過ちは許されない。

チェコ人の容態は落ち着いていたが、私は二十二時ごろにエアーツェルマットにヘリ出動の要請を出し、この登山者の搬出を決心した。この怪我人を医者の診察も受けさせず山小屋に置くのはリスクが大きすぎる。三十分後にヘリコプターは医者とフライトアシスト、もちろんパイロットと共に山小屋のヘリポートに着陸した。山岳地帯を夜間に飛行することは特別の危険を伴う。しかし、私たち四人はすでにたくさんの救助活動を共に経験し、何年も一緒に仕事をしているので、お互い信頼し合っている。

これは重要なことで、危険を伴う救助活動の際、全てを素早く正確に遂行しなければならず、長く話し合っている時間はない。もちろん、危険を最低限に抑えるためのリスク管理は必要だ。救助隊の命がかかっている。それ故、日中、夜間のフライトに関わらず、出動時には必ず、風、天気、視界をチェックする。患者が命にかかわるような状態なのかどうか、困難な状況でもクルーが出動すべきなのかどうか確認する。命にかかわるほどでもないのに、クルーを危険にさらすことはない。明るくなるまで待つ。

その夜の天候は良く、空も澄んでいたので夜間飛行を決めた。医者は患者の体外に見える傷だけでなく、体内に負っているかもしれない傷を診察し、必要時にすばやく点滴できるよう腕に注射針を装着し、患者をヘリコプターまで運び込んだ。パイロットは間もなくタービンをスタートさせ、ヘリはゆっくりとプラットフォームから上昇し、ヘッドライトを使って飛行ルートを探した。目的地はここから一番近いフィスプの病院だ。思いもかけないところから唐突に現れた初めての客は、こうして同じようにあっという間に去って行った。

私たちにとってこの事件はこれで落着、落ち着いた雰囲気の中で夜を過ごした。

当時、数人の山岳ガイドとエアーツェルマットは、数年にわたってドイツのテレビ制作会社に協力して働いていた。「Ｎｏｔｒｕｆ」（緊急電話）という番組用に救助活動の様子を撮影していたのだ。次の撮影予定は、マッターホルン北壁で数年前に起こったセンセーショナルな事故と，その救助活動を同じように演じることだった。

翌日、このテレビ会社の依頼で、救助隊隊長ブルーノ・イエルクと私は、撮影にふさわしい題材や設定場所を探して、ヘルンリ稜と北壁の上空をヘリで飛んでいた。その時、急にハーケンで留められているリュックサックを発見した。私はすぐにそれが誰の物であるか分かった。前夜、事故が起きたとチェコ人が述べたまさにその場所だったからだ。雪の上に滑落した跡が見えた。ヘリでたどると、滑落跡は溝を下り、砕けた岩やエッジを乗り越え、東壁の下、マッターホルンの麓までついていた。驚いたことに、チェコ人は五十メートルどころか、五百メートル以上滑落し、後で分かったことだが、大きな怪我もなく生還したのだ。信じられない幸運だ。今までにも何度かこのような滑落跡を見てきたが、皆、死亡していた。岩に積もった多くの雪がチェコ人に大きな幸運をもたらしたに違いない。でなければこんなに長大な滑落をして生還できるはずがない。

当時起こった最初の客の「幸運な事故」を思い起こしながら、新しいシーズンをスタートした。良い兆しなのだろうか？

貴重な水

Ohne Wasser kein Wein

山小屋の準備が全て整って、普通に使えるようになるまで数日はかかる。やらなければならない仕事は多い。まず塩水を使って凍っている下水道の氷を溶かさなければ、トイレも使えない。水道管から水が流れてくるようになるのも、一日か二日待たなければならない。取水口が少なくとも二、三メートルは雪の下に埋もれていて、シャベルで掘りだすのに時間がかかるからだ。それまでは雪を溶かして水にする。鍋や釜に雪を入れて火にかけるのだ。

水は山小屋では絶対に重要なものの一つ、いや一番大切なものかもしれない。水なしでは何もできない。ヘルンリ小屋は稜線の上に建っている。春と夏に融ける氷河と雪の水は、全て七百メートル下の谷まで流れていく。ここから二キロも離れていて私たちの手の届かないところを、水がざわざわと流れ落ちていく。その水を途中で獲得するためには、自分たちでいろいろと工夫しなければならない。それなのに、標高三〇〇〇メートル以上に位置するほとんどの山小屋が水不足だということを、理解できない人が多いのに驚く。

この貴重な水をどのように使うのか、厳密に考慮しなければならない。とりわけ山小屋に一晩百七十人も滞在する煩忙時にはきっちりと節水しなければならない。こういう時は日帰り客用の洗面所を閉じるだけでなく、チームがシャワーを浴びるのも一週間に一度に制限される。トイレのタンクに貯める水は最少にする。この辺りにある唯一の山小屋なので、泊まり客だけでなく、近くでテント泊をしている人たちも洗面所を使用するからだ。

このようなキャンパーたちが、毎日二十人以上この山小屋を訪れる。多くは貧しい国から来ていて、山小屋に泊まるお金はないが、趣味の登山を諦めきれない人たちだ。彼らは山小屋にゴミを残して行き、我々はお金を払ってヘリコプターで谷まで運ぶ。山小屋に宿泊する客用の休憩所、トイレ、洗面所を無料で使用していく。

アルプスの山小屋管理人たちのほとんどが、無断キャンパーにてこずっている。ヘルンリ小屋では、近年小屋近くにキャンプすることは禁止し、一五〇メートル離れた所にキャンプ場を指定した。少しはこの葛藤を抑えられたようだ。しかし、山小屋が水不足の時は、当然キャンプ場の登山者も水を手に入れるのは難しい。唯一の可能性は、厄介だが水を下から持ってくるか、小屋で購入するかだ。そこでキャンパーたちは想像もできないような面白いことを考える。

山での飲料水

Erst denken,dann trinken

その日はすでに昼食時からヘルンリ小屋は賑わっていた。長い登山道を歩いてきたハイカーたちは、お腹をすかし、特に喉が乾いていた。カウンターの上は飲み物やコップのラッシュアワー。コックのステファンは、スイス名物のレシュティの他にもスパゲッティなど栄養たっぷりの料理をどんどん仕上げていく。スタッフは皿を手に、テラスとキッチンの間を忙しく行き来している。客には素早く良質なサービスを提供する。この日はまたとても長く感じられ、少しの休憩でも嬉しかった。

十九時頃になってようやく静かになった。夕飯の準備は終わり、新鮮な空気を吸うために私はテラスに出た。トイレの前を通った時、おかしなことにドアが開いているのに気がついた。見ていると、誰かがコップでトイレの中から水をすくって鍋に入れている。何をしているのかと思い、男の後をついて行った。男はトイレの水が入った鍋を小さなガスストーブにのせた。私は自分の目を疑った。

テーブルの回りには、スペインから来た四人の登山者が集まっていた。マッターホルン登頂という夢をかなえるために来た人たちだ。キャンプ場にテントを張って泊まっている。

「えーと、その水で何をするつもりなんだい?」と、鍋を指さして聞いた。

「料理に使うよ」

私は使わない方がよい理由を説明した。

「その水はトイレの水だ。誰だって清潔でないと知っているはずだ」

スペイン人はトイレの水だからって、心配する必要はないと言う。

「いつもことだから」と、きっぱり答える。自分たちのことはほっておいてくれ、余計なお世話だと言う。

オーケー。ほっておくよ。大人なんだから自分で責任をとればいい、と思いつつ、私はキッチンに戻った。

次の日の正午近く、テラスが登山者でいっぱいになった頃、私の携帯電話が鳴った。救急コールセンターからの連絡だった。センターは緊急時にかかってくる電話を受け、救助隊の出動をコーディネートするところだ。マッターホルンの山頂から携帯電話で一報がはいり、救助要請があったという。

「数人の登山者がひどい腹痛を起こしていて、救出しなければならない。エアーツェルマットにはすでに連絡ずみ」と、コールセンターのチーフが言った。私はただちに仕事から離れ、スタッフが代わりを務める。こういう事態になった時の対応策は整っている。

すかさず用意を整え、小屋の横にあるヘリコプターの発着デッキへ行き、無線でヘリのパイロットと連絡を取った。ヘリはちょうどツェルマットを出発したところだった。私の出動態勢が整っていることを報告し、山の風と天候の様子を伝えた。十分後にヘリは私の目の前のデッキに着陸した。ロープを使う救助体制を整えるように、とのことだ。そのために通常は荷物輸送に使うフックに三十メートルのロープを架け、機体にも繋いで安全確保をする。ロープの末端には人を吊るせるように、二つのフックが付いている。

山頂は長く細い稜線で、狭すぎてヘリコプターが着陸する場所がない。それ故、山頂から人を輸送できるのは、ウインチ（巻き上げ機）を利用するか、先ほど説明したロープを使用しての救助になる。ウインチはヘリコプターの中まで人を引き上げることができるので、怪我人の場合はこの方が良い。ロープでの救助は、標高にもよるが、一度に最大六人まで吊ることができ、山から安全な場所まで飛行して避難させる。

私は自分のハーネスとアイゼンがしっかり装着されているか、ロープがヘリに間違いなく繋がっているかどうかを確認した。ヘルメットに付いている無線を通じてパイロットと会話ができるので、スタート準備が整ったことを知らせた。ヘリはゆっくりと空中に舞い上がっていく。私はロープがあと何メートル残っているか、パイロットに伝える。

「三メートル、二メートル、一メートル、負荷まで五十センチ、負荷」

負荷とはロープの末端に繋がれている自分のこと。ヘリは私を地上から引き上げていく。ヘリの三十メートル下に吊り下げられて、マッターホルン頂上を目指して飛んでいく。

パイロットは、まずヘリをマッターホルン東壁に向け、そこから北壁へ回り込んで、徐々に高度を上げていく。頂上まで行くには一二〇〇メートルは上昇しなければならない。頂上に四人の登山者が見え、はっきりとヘルプサインを出している。パイロットもそれを確認できたらしく、近づいていく。私は四人の登山者との距離を逐次パイロットに知らせる。クレーンの操縦者と同じように、パイロットに目的地との鉛直・水平距離を常に報せることは重要だ。パイロットはこの情報を頼りに、ヘリを操縦する。

「三メートル下降、六メートル前進、二メートル下降、四メートル前進、一メートル下降、二メートル前進。高度保持、一メートル前進。位置保持」

だんだんと目標に近づいてくる。私の着地まで、「あと五十センチ」

足が地に着いた。

「コンタクト　負荷ゼロ」ここで私は自分をフックから外し、「ヘリ、フリー」と連絡する。パイロットはヘリを頂上から遠ざけていく。

こうして素晴らしい天気の中、私は四四七八メートルの頂上に立った。だが残念ながら、楽しみに来たのではない。救助要請を発した四人の登山者に近づいて行った。すぐに、誰か分かった。あのトイレの水で料理をしていたスペイン人たちだ。苦笑が浮かんでくるのを抑えられなかった。前夜、ほっておいてくれ、余計なお世話だ、と言い放った人たちを、お世話することになったのだ。

四人とも、状態が最悪のようなので、昨夜のことを口に出すのはやめた。腹痛に苦しめられて顔色も青ざめ、疲れ果てた様子で頂上の雪の上に座っていた。十分の罰があたっているようだ。待機しているヘリを呼ぶ前に、四人にロープ救出について説明する。ロープに吊るして、まずヘルンリ小屋まで運び、そこでエアーツェルマット所属医の診察を受け、医者が必要と判断したときは、さらに病院まで運ぶ。

ヘリが近づいてきた。いつものように指示を出しながら、四人の登山者のうち二人をロープに繋ぐ。ひょっとしたらこのロープ飛行で腹痛がひどくなるかもしれない。一〇〇〇メートル以上の上空を、ヘリのロープに吊られて飛んで行くのは楽なことではない。同じように残りの二人を救出するとき、自分もロープにぶら下がってヘルンリ小屋まで帰った。登山者たちは無事救出されて安堵しているようだが、顔はまだ白チョークのような色をしている。さらにツェルマットまでヘリで搬送され、医者にかかった。

四人の登山者は今度のことを少しは教訓にするのだろうか。そう願いたい。一つだけはっきり言えることがある。マッターホルン登山では、小屋でまともに水を買った方が、ヘリ飛行代よりずっと安くつく。ヘリ救助にかかった四〇〇〇フランの費用に比べれば、山小屋で買う数フランの水は安いものだ。

また同じようなことが起こらないように、トイレの前に「飲み水ではない」と、張り紙を出そうかとも思ったが、やめた。普通の人間の常識を信じることにする。

これ以上、悪くなることはない

Es kann nur besser werden

今は水が足りている。どちらかというと雪が多過ぎるくらいだ。テラス用の十四セットの机と椅子は食堂に置いてあるが、場所を取って困るので、二日前から除雪機でテラスの雪を一生懸命に除去している。小屋内の掃除はほとんど済んだ。

シーツも布団カバーも新しくつけた。壁から外していた絵も全て元の位置に戻した。冬の九カ月間、小屋の中は冷えて湿度も高いので、絵を壁から外しておく。そうしなければ紙が波を打ちカビが生えてしまう。水道管とガス管も接続した。発電機に新しい油を注ぎ、綺麗に磨いて、技術的にも以前より良いモーターを取り付けた。取水口もうまく機能している。一週間後には小屋はまた元のように機能するだろう。

七月になり、日中は暖かい。ここ三二六〇メートルの高さでもTシャツで過ごせるくらいだ。しかし夕方になるとかなり寒くなり、小屋の中で一番暖かいキッチンに皆集まって来る。夏でも小屋の中の温度差は激しい。八月に暖かい日が何日か続いた後、急に雪が降り気温が下がることがある。料理用のガスには常に火が点いており、どこより暖かいキッチンに皆、集合する。スタッフだけでなく、山岳ガイドも集まってくる。小さなバーと机があり、その周りは常に人で賑わっている。とりわけ食卓の椅子が空いていることはない。溢れんばかりの人だ。だが、誰もいなくて静かな時もある。そんな時、私は読書していろんなことを考えながら、この原稿を書いている。悪天候で小屋での仕事が少ない時だ。

シーズン初めにはいつも、「新しいスタッフが夏の山小屋生活をどのように感じるのか」と、思いを巡らせる。彼らも頭の中では一応準備してきたつもりだろうが、実際とは一致しないことが多い。

最初の数週間、部屋の中は湿度が高く冷えている。全てが乾燥するまで時間がかかる。九カ月にわたる冬眠の間、全てのドア、窓、雨戸を閉じたまま、小屋はこの標高では冷凍庫のようになっていた。とりわけシーズン初めの七日から十日間の夜は居心地が悪く、新しいスタッフには厳しくて、今後乾燥して快適になるとは、とても想像できないだろう。

私自身もこの寒く厳しい夜に部屋にいると、慣れてしまったはずの、ここでの仕事の意味を考える。そして九人のスタッフの誰もがお手上げになって逃げださないように望む。キッチンの心地よい温もりの中で食卓を囲んで談笑していると、皆この高さにいるのを楽しんでいるようだ。制限されることはあるけれども、魅力のある場所なのだ。煩わしいことがあっても来る価値がある。

スタッフの多くはここで働ける事を光栄と思っているようだ。もちろん気分が最低の時もあるだろうし、堪忍袋の緒が切れる時もあるだろう。しかし最終的には、マッターホルンに魅了されてヘルンリ小屋にやって来たのだ。

ステファンはスタッフの夕食の準備をしている。皿はどれも大盛りだ。というのはこの標高で力仕事をするには、ツェルマットの谷で働くよりも多くのカロリーを必要とする。これから数日間何をしなければならないのか話し合う。基本的な事は準備でき、小屋は機能している。しかし、まだ多くのことが一時的にしのげる程度の状態で、明日はまた明日、毎日変わっていく。完全に終わりということは絶対にない。

まだ山には積雪が多いので、最初の登山者が小屋にやって来るまで数日、余裕があるだろう。その他もろもろの準備を整える時間も十分にある。たとえば、山小屋までの登山道の雪をできるだけ除雪すること。だが雪が多いので、作業を始めるのを待たなければならない。まずは太陽がもう少し雪を融かしてくれるまで、忍耐強く待とう。

しばらくは穏やかで晴天が続くと天気予報が出ている。いい兆候だ。良いシーズンになるかどうかが決まる要素は、経済危機とか両替率が悪いことではなく、天候なのだ。もし天候が悪ければ、登山者はここには来ないだろう。太陽が私たちの一番の味方なのだ。私たちは自然とともに生きている。ロマンチックな要素ではなく、実際の天候がシーズンを左右するのだ。

明日はヘルムットと約束をしている。彼は山岳ガイドでツェルマット地区山岳ガイド協会の装備設置専門委員を務め、マッターホルン登頂ルートの固定ザイルの責任者だ。マッターホルンはほとんどの人がクラシックルートのヘルンリ稜を登って行くが、クライミングの難所には固定ザイルを設置してリスクを和らげ、安全性を保っている。直径約三センチのこのロープは十メートルから二十メートル毎に、太い鉄のピンで留めてある。昔は麻のロープだったが、現在は合成繊維のものを使っている。ロープは摩擦に強く耐久性があり、紫外線にも強くなければならない。シーズンごとに二五〇〇人もの登山者がつかまるザイルなのだ。登山者たちが不安なく使えるように、シーズンの初めと終わりにチェックして、必要な個所は取り替えている。明日の早朝八時にはエアーツェルマットのヘリが必要な交換装備を載せて小屋に来る。その後ヘルムットと私を乗せて四三〇〇メートル地点の固定ザイルまで飛ぶ。そこからザイルのチェックと必要な修繕を始める。この作業がどれほど重要なことか、数年前に自分自身が体験した。

もしザイルが引き裂かれたら

Wenn alle Stricke reissen

一九八四年七月六日、友人のフィリップとヘルンリ小屋で落ち合った。小屋番のフランツに迎えられ、部屋まで案内された。当時、私たちは山岳ガイドになるために一年前から職業訓練を受けていた。翌日トレーニングとしてマッターホルンの北壁を登る予定であった。

マッターホルン北壁は、アルプスの三大北壁の一つだ。アイガー（一七〇〇メートル）と、フランスとイタリアの国境にあるモンブラン山群のグランド・ジョラス（一二〇〇メートル）に比べるとマッターホルンの北壁は一二〇〇メートルと比較的短い。しかしながら、岩壁は凍結していることが多く、登攀中に確保するのが難しいので、一番危険な北壁とされている。

「なぜそんなに危険な所に行くのか？」と聞かれるのが煩わしく、フィリップと私は登った経験のあるヘルンリ稜を登ると言って家を出てきた。北壁を登ると言ったなら、両親は絶対に賛成しなかっただろう。

しかし、母方の伯父リヒャルトだけには伝えてきた。数日前に電話をしてきて、行ってもいいだろう、と言ってくれた。伯父はマッターホルンを自分の家の庭のように知りつくしている。山岳ガイドとして頂上に八百回立ち、今でも最多記録とされている。

「北壁登攀で一番重要なのは、タイミングだ。そして、今がその一番良い時だ。天候も気温も壁の状態も理想的だ」と、力強く言ってくれた。

フィリップと私はヘルンリ小屋のキッチンに座り、翌日の登攀計画を練っていた。ルートはすでに詳しく調べている。問題は出発時間だ。何時ごろ北壁に取り付いたらいいだろう？　頂上に立つのは何時になるだろう？　この時間割りが、登攀の成否を決める重要なポイントなのだ。ぐずぐずしていると周りが暗く寒くなり、そのうちに岩壁でビバークする破目になるだろう。それは絶対に避けたい。計画通りにうまくいくと、北壁の登攀は一日で可能だ。ルート図の解説には、「登攀に約十二時間、ヘルンリ稜経由の下降には四時間」とある。しかし、実際の所要時間は登山者の体調や天候、壁の状態によって差がでるだろう。

私はフィリップとチームを組んでここ数年多くの山々を登って来た。お互い長所も短所も知り尽くしている。これは難しい登攀の場合には大変重要だ。二人でザイルを組む場合、相手を全面的に信頼し命を預けることになるからだ。

翌日の出発は夜明け前にしたかったので、早く就寝した。ベッドに横になるといろいろなことが頭をめぐる。ルートが目の前に絶え間なく現れて、頭の中で時間割りを何度も復習した。落ち着いて寝入るのは難しかった。しかし、マッターホルン北壁は自分にとっても新しい挑戦であり、この何とも言えない緊張が予定を遂行するのに必要だということも知っている。

ようやく眠りに就いたと思ったら、目覚まし時計が鳴った。一日の始まりにしては早すぎる午前二時だが、目ははっきりと覚めた。十分後には服装を整え食堂にいた。小屋番のフランツが朝食を用意してくれていた。腹いっぱいの状態で北壁を登りたくなかったので、朝食は少しだけにして、途中で何度かミューズリーバー(注)やチョコレートを少しずつ食べてエネルギー容量を一定に保つ。私たちは早速ザイルを結び、小屋を後にした。一分でも時間を取るとその分だけ登攀中に早く夜が迫ってくる。ぐずぐずして時間にルーズになって、それがもし十回にわたって十分ずつ遅れたら、最後には本当に大きな問題になってくるだろう。ここでは時間は、金よりずっと価値のあるものだ。

三十分後に私たちは北壁の取付に着いた。当然周りは真っ暗で、正しいルートの取付点を探すのは難しかった。ヘッドランプもあまり役に立たない。どこにも道は見えない。しかし確保の必要もなく最初の数百メートルを順調に登っていった。

午前五時半頃になって、夜が明け、良かったのか悪かったのか、現在地がはっきりと分かった。左に寄りすぎている。二百メートルほど右にトラバースしなければならない。体力も集中力も時間もかかる。一時間は必要だろう。しかし他に道はない。ようやく予定ルートに戻り、登攀が再び順調に続いた。天候も温度も雪の状態も最高だ。実際に自分がその場所に立ってみないと分からないことだか、伯父は前もって予想していた。

標高四二〇〇メートル地点まで登って来た時、気温がだんだんと上がってきて、落石が始まった。気温が低い限り石は岩に貼りついて安定しているが、温かくなると落ち始める。この場合の対処法は、なるべく早くそこから立ち去ること。幸運にも頂上は手に届きそうなほど近くに見える。そして実際二時間後にはマッターホルンの頂上に立っていた。その後、山岳ガイドとして自分が三百五十回も、この頂上に立つことになるとは、考えもしなかった。フィリップと私はお互いに称え合った。十二時だった。すなわち北壁を八時間で登攀したのだ。

少し休憩してエネルギーを蓄え、ヘルンリ稜経由で下山を始めた。三時間くらいで小屋まで帰れるだろうと予測した。十五分後には、ヘルンリ稜上部の傾斜のきつい箇所に来た。順調に下りられるように、固定ザイルが取り付けてある。

夏シーズンは始まったばかりで、まだ固定ザイルはチェックされておらず、十分な注意が必要だった。凍結や強風でザイルは冬の間に擦り切れることもある。

「固定ザイルの所では絶対に、ザイルが弱くなっていないかどうか必ず確かめるように」と、伯父も注意してくれていた。

だが、若い私たちは北壁を登頂した陶酔感の中で、そんな注意はとうの昔に忘れていた。クロイツザッツと呼ばれる所、十五メートル垂直の岩壁に取り付けられた固定ザイルを両手で強く握り、私は下に降り、それを繰り返した。フィリップは私の後をついてきているだろうと思ったその瞬間、突然、影が私の方に向かって飛んできた。精いっぱいの力で固定ザイルを握ると、ドーン！　と強い力で何かが私にぶつかってきた。今、自分のいる両横の岩の下は一〇〇〇メートルは切れ落ちているだろう。ゆっくりと何が起こったか分かってきた。フィリップが背後にいて、必死に私にしがみついている。幸運にも私はまだしっかりと固定ザイルを握っていた。最悪の事態は避けられたようだ。ゆっくりと注意深く立ち上がった。何が起こったのだろう。

フィリップは私の後を追って固定ザイルにつかまっていたが、ザイルが切れて、空中を八メートルほど落ちて、私の上に覆いかぶさってきたのだ。ザイルの端を見ると、思った通り、細い繊維だけで繋がっていた。すごくラッキーなことだ。膝が震えてきた。いくつかの打ち身はあるものの、無事だった。

残りの七本の固定ザイルを瀬戸物のように丁寧に取り扱い、私たちは慎重に確保しながら下りた。若者の陶酔は消えていた。ショックは体の芯まで伝わり、不安定な足取りでヘルンリ稜をさらに下っていったが、時間がかかった。先ほどの滑落で頭がいっぱいになり集中力も低下していた。

三、四時間後、私たちは無事に帰ってきた。もちろんこの所要時間は悪くはないタイムだ。私たちは若く、訓練も十分な準備もしていた。北壁への素晴らしい登攀のように、問題なく下山していたら、もっと良い記録になっていたかもしれない。それでも今、小さな怪我のみで生還できたことを、とにかく嬉しく思う。

ようやく小屋に到着し、今日の出来事を話して、もちろん切れた固定ザイルの件も報告した。これから登る山岳ガイドが同じような事故にあわないように、なるべく早く交換しなければならない。

小屋番のフランツは登攀の成功を祝ってくれたばかりでなく、「良いサプライズがあるんだ」と言った。嬉しいことにエアーツェルマットのパイロットがキッチンに座っていた。シギーが食料品を小屋までヘリで運んで来たのだ。フィリップと私がヘルンリ稜を下山してくるのをフランツが望遠鏡で見ていたとき、「じゃあ、ヘリで村まで連れて帰ってあげよう」と、待ってくれていた。

もちろんありがたいことだ。シュヴァルツゼーまで下って行くのに一時間はかかるので、ツェルマット行き最終ゴンドラには間に合わないだろう。そこから歩いて村までまだ二時間半はかかる。その代わりに飛行タクシーが待っていてくれたのだ。というわけで、食事をしてゆっくりお別れを言う時間もできた。強烈な体験だった。何年経っても私はこの一日を思い起こす。
フィリップは、一九九一年に山岳ガイドの仕事をしている際に、不運な最後を遂げた。北壁を一緒に登った忠実で最良の友人として、私の心に残っている。それだけではない。私が山岳ガイドになると決心できたのは、フィリップが大きく影響している。元々の私の人生計画は全く違うものであった。山岳ガイドという最高の職業を選んで働いているのは、彼のおかげなのだ。

注＝エンバク（燕麦）と数種類の穀物とドライフルーツ、ナッツ、種子類などを混ぜたシリアル

人生の曲がり角

Versprochen ist versprochen

一九七八年から一九八二年にかけて、私は機械整備士の職業訓練をゴルナーグラート鉄道会社で受けて、修了した。ツェルマットから標高三一〇〇メートルのゴルナーグラートまで、ラックレールを使って電車を通している会社だ。鉄道の他にもロープウェイや沿線のスキーリフトも経営している。興味深い職業であるが、雇用されて車庫の中で働くことは自分には合っていないと、すぐに悟った。私は外が好きで、この訓練期間中も時間の許す限り、車庫から抜け出していた。

父は当時この会社で働いており、ロープウェイやスキーリフトの技術責任者だった。ロープウェイの修理やメンテナンスがあるときは、機械士として車庫の中で働いている私を連れ出してくれるように父に何度も頼んだ。一緒に新鮮な空気を吸いながら、戸外で働きたかったのだ。変化のある面白い外の仕事で、多くを学び、自然の真っただ中で働くことができた。

ジョンというカナダ人がもう数年、父と一緒に働いていた。熱烈な登山好きで私はすぐ友達になった。ツェルマットに来て働いているのも、山があるからだという。北アメリカにもたくさん山はある。特にコロラドには四千メートル級の山もあるが、アルプスには多くの高峰が集中していて、登りやすいのが理由だそうだ。ジョンはいつも山でザイルを組む相手を探していた。私にも、四千メートル級の山へ一緒にザイルを組んでいかないかと、誘ってきた。

なぜ私と？　私はそれまで山など登ったことがなかった。両親も山登りには反対していた。我が家の祖先には山岳ガイドが多かったので、その職業がどういうものか、特にそのマイナス面をよく知っていた。天候に左右され、危険が多く、収入も不安定な職業。当然そんな職業を選びたいとは思わなかったし、山にも行かなかった。趣味はスキー、余暇にはいつもスキーをしていた。

それでも、ジョンは諦めずにくり返し私を誘い、いつの間にか、私と登る具体的な計画を立てていた。次の夏にはモンテ・ローザ山塊の最高点、四六三四メートルのデュフォール・シュピッツェに登ろうというのだ。山に登りたいという自分の意思ではなく、友達に対する敬意として、私はいつしか承諾してしまった。夏までまだ五カ月もある。それまでに私との約束を忘れてくれるようにと心の中で願っていた。

一九七九年の夏だった。とっくに忘れていた約束を、ジョンはしっかりと覚えていた。仕事中に車庫に入ってくると、まっすぐ私の方に向かって歩いて来た。恐れていたことが現実になった。

「今週末の天気予報は良いぞ。モンテ・ローザのコンディションは最良だ。土曜日に出発して、日曜日に登頂をめざそう」と言った。

二度ほど唾を飲み込んで、なにか言い逃れを考えた。しかし、弱虫と思われるのがいやで、断れなかった。初めて山に登る私は、経験のあるジョンに全て頼ることになる。ジョンはリュックサックに何を詰めていくのか等、詳細まで教えてくれた。それでも不安で、夜になってから伯父のリヒャルトに電話し、モンテ・ローザ登山について聞いてみた。

「初心者には適していない山だ」と、渋い返事をする。

技術的には難しくないルートだが、距離が長い。まずローテンボーデン駅からモンテ・ローザ小屋まで二時間のハイキング。翌日の行程は、頂上へ続く最後の取付点まで、氷河と万年雪の上を四時間半歩き、そこでアイゼンを着けて、さらに一時間半のロッククライミング。すなわちモンテ・ローザ小屋から頂上まで、計六時間ちょっとだ。小屋までの下山には三時間ぐらいかかると、リヒャルト伯父は言った。そこからまだ家までの道のりがある。

日曜日のことを考えるとだんだんと憂鬱になってきた。なんてことをジョンと約束してしまったのだろう。十二時間も山の中で苦しい登山をして、あくる日、月曜の朝七時にはまた会社で仕事だ。ジョンはなんという悪夢のようなことを、何も分かっていない私に押し付けたのだろう。この初めての山の世界への企てがなるべく早く終わってしまえばいいのに！

土曜日、モンテ・ローザ小屋に辿りつき、私とジョンは他の登山者たちとテーブルを囲んでいた。皆ご機嫌でもうすぐ始まる登攀を楽しみにしていた。自分が好きでやって来ているのだから、当然だろう。夕方の六時、夕食が始まった。明日の登山のためにエネルギーを蓄えようと、私はたらふく食べた。ジョンは楽しそうに明日の予定を説明してくれる。

「午前二時に目覚ましが鳴る。朝食はさっとすませて三十分後には出発だ！」

ジョンは、伯父の説明とは違い、八時には登頂しているだろう、と言う。

全ての準備が整い、早めにベッドにもぐりこんだ。しかし、眠れるような状況ではなかった。十五人も寝ている相部屋の空気は体臭に満ち、大きなイビキをかいている者もいる。ひどい。十九歳の若者が週末の夜に過ごす所か！　それでもいつの間にか眠りについたようだが、二時間後には目覚ましが鳴った。

いよいよ、人生初めての山行が始まる。万年雪と氷河の上をジョンとザイルを結び合って、延々と歩いていく。氷河の登高は、もう少し綺麗なものだと思っていた。ジョンと私はつり合いのとれないザイルチームだ。ジョンは三十歳半ばで、ベテラン登山愛好者。私は文句を言いながら面白くもなさそうに後をついていく若干十九歳の若者。ヘッドランプの灯りでは遠くは見えない。でもその方が良かったのかもしれない。まだまだ長く続く道が見えていたら、私の機嫌はもっと悪くなっていただろう。

日の出を迎えた時にはルートの最終部、頂上へ続く岩壁の下まで来ていた。氷原を越え、不毛地帯をクライミングしていくのは楽しかった。技術的には難しくなかったが、空気が薄くなるのを感じた。せり出した岩や鋭い氷の稜線をたどって登っていく。最初の巨大な岩塊は右に回り、その後、左、すなわち北側に進んで、狭いリッジを克服した。次の大きな岩をクライミングし、最後の狭い小さな岩場に着いた。そこには十メートルから十二メートルはあるチムニーが待っていたが、固定ザイルが付いていたので難なく登れた。上がり切ると、平らな雪面を数メートル歩くだけで頂上の小さな金属製の十字架に達した。

他の登山者たちはまだまだ下の方だ。ジョンと私は二人だけで頂上に立った。きつい道のりを頑張ったという気持ちに圧倒され、嬉しかった。なにか崇高な気持ちだった。ジョンは私の四千メートル峰初登頂を祝福してくれた。それも最高の四千メートル峰。モンテ・ローザ山塊のデュフォール・シュピッツェはスイスの最高点であり、シャモニーのモン・ブランに次いでアルプスで二番目の高山なのだ。その山を五時間で手に入れたのだ。自分が誇らしかった。

登山は競争ではないので所要時間を自慢するものではないが、登山者の体調によって大きな差が出る。今回の私たちはとても好調だったようだ。それは、ジョンのリーダーシップのお陰だ。

この日、頂上に到達しても、道のりは半分と実感した。登頂後、当然ながら戻って行かなければならない。下山も登りと同じくらい厳しく、体力がいる。しかし、小屋に到着すれば美味しい食事が待っている、と自分に言い聞かせて頑張った。当時モンテ・ローザ小屋の番人だったセップが栄養たっぷりのチーズトーストを出してくれたので、消耗したエネルギーを補充した。

一時間ほど休憩した後、ツェルマットへ戻っていった。死にそうなほど疲れていたが、幸せな気持ちで家に着いた。こんな疲労感は今まで経験したことがない。そしてこんなに満足感にあふれたことも！少し休んだ後、もう次の山行について考えていた。どうやら登山の虫に取りつかれたようだ。それから数日間、常に計画を練っていて、翌週の週末には山に出かけた。その後も週末を利用して、友人と共にツェルマット周辺の七つか八つの四千メートル峰に登った。一つの山に立つと、もっと難しい山に登りたくなる。狭い山小屋の相部屋や仲間のイビキなど、問題ではなくなった。のんびりする週末がなくてもなんともない。いや、まったく反対で、登攀そのものだけでなく、登山全体が自分の生活の重要な部分を占めるようになった。そして、「山岳ガイドになる条件を詳しく調べよう」という考えが、頭の中から離れなくなっていた。

その頃ちょうど知り合ったのが、フィリップだった。彼はすでに山岳ガイドコースを受講するためのトレーニングを始めていた。そういう状況で、私が山岳ガイドになりたいと思うようになるのは自然の成り行きだろう。フィリップと自分は同じ目的に向かって、時間が許す限り、一緒に訓練した。山岳ガイド養成コースを受けるには、前もってある程度の訓練をしておかなければ、最初の段階で追いつけなくなり家に帰される。そんなことにならないように、しっかりと訓練に励んだ。夏用と冬用のトレーニング計画を立て、夏にはロッククライミングを、冬には体力がつくようにスキーでの山岳ツアーを重ねた。冬季に四千メートル峰を登るのは、特別なチャレンジだ。

両親からは、山岳ガイドの訓練を受けるのは、まず機械整備士としての職業訓練を終了した後だ、とはっきりと約束させられていた。約束は守ったが、機械整備士の免許を貰うとすぐ、一九八三年にフィリップと一緒にベルナーオーバーラントのグリンデルワルト山岳ガイドコースに申し込んだ。

実用コースには次のことが含まれている。高所ツアー、氷壁登攀と岩壁登攀、スポーツクライミング、スキー登山、雪崩と救助活動時の技術、読図、コンパス、GPSを使用してのナビゲーション、自然史、地理、山行計画、雪崩学、ファーストエイド、自然災害、外国遠征への計画と手配。しかし、もちろん山岳ガイドとしての基本の仕事は、客を安全に案内することである。

一生懸命トレーニングに励んだ甲斐はあった。数多くのコースを受け、山岳ガイドとして多方面にわたる必要条件を満たしているかどうか試された後、ついに二年後に私たちは目的を果たした。長い間待ち焦がれていた夢が実現し、国際山岳ガイド免許を受け取ることができたのだ。

偶然が人生を左右することがよくある。まったく違う方向を示してくれることもある。そのサインを見逃さないことだ。ジョンに会わなかったら、私が山岳ガイドになることは決してなかっただろう。フィリップに会ったのも人生の曲がり角の一つだった。そうした偶然の出会いが、重要なキーポイントとなった。人生は多分、一度しかないだろう。回ってきたチャンスを逃さず、自分の人生に活かすべきだ、と思う。

固定ザイル・コントロール

Vertrauen ist gut, Kontrolle ist besser

朝の八時。小屋前のヘリポートに立ち、ツェルマットからのヘリを待っていた。ヘリに乗ってくるへルムットと一緒に固定ザイルの点検・整備（コントロール）に行く予定になっている。今日は、風もなく、暖かい素晴らしい一日になりそう。周りの景色の綺麗なこと！　ほかではめったに見られない三六〇度のパノラマだ。

ほんとうにマッターホルンの直下なので、ヘルンリ稜もよく見える。ツェルマットからでは分からない山のコンディションが判断しやすい。待ち時間にナディンに電話を入れる。彼女はツェルマットのアルピンセンターで顧客に山岳ガイドを紹介している人だ。

「ヘルンリ稜ルートは、明日以後なら何とか登れる状態だ」と、知らせる。

しかし、まだ一部分、大きな雪面が残っており、アイゼンが必要となる。アイゼンを着けて登るのは微妙で、特に山岳ガイドが客とザイルで繋いでいるときは難しい。というのも雪面が終わるとすぐ後にロッククライミングがあり、アイゼンを着けて登るのは非常に難しいのだ。ヘルンリ稜ルートはまったくの岩稜ルートで、アイゼンの個所が多ければ多いほど疲れる。それに山岳ガイドと登る客のほとんどは、アイゼン着用で岩を登るのに慣れていない。慣れている登山者なら明日以降ヘルンリ稜は登攀可能だと、ツェルマットで待機中の客に伝えるように、ナディンに言った。午後になって今日の作業を終えて小屋に戻ったら、スイス、イタリア、フランスなどの山岳ガイド協会事務所にも知らせることにする。われわれスタッフだけでなく、登山者にも、これでようやくマッターホルンの登山シーズンが始まる。

ヘリは私のすぐ横に着陸した。ヘルムットと飛行補助員が降りてくる。補助員はいわゆるウインチマンとしての訓練を受けた人で、ザイルの巻き上げ機の操作を受け持つ。

固定ザイル整備に出かける準備に取りかかった。充電式ハンマードリル、各種ボルト、鉄ピンの接着剤、金ノコ、ハンマー、固定ザイル保護用のゴムホース、予備ザイルを約五〇メートル、その他小物を含めて全て資材袋に入れる。

ヘルンリ稜は取付から頂上まで標高差が約一二〇〇メートルある。壁の傾斜を計算にいれると、実際には二〇〇〇メートルの距離があるだろう。固定ザイルはその中の標高四二〇〇から四三五〇メートルのところに、一五〇メートルほど取り付けられているだけだ。すなわち、人工的に安全確保ができるのはほんの少しで、ルートの大部分が自然そのままである。

ヘルムットと私はシートベルトを締め、アイゼンを履いて無線付きのヘルメットをかぶり、交信可能かどうか確かめる。ヘリの床を靴に着けたアイゼンで傷めないように、なるべく足を浮かせる。ヘリは上昇し、北壁側から回ってヘルンリ稜に向かい、標高四〇〇三メートルにある緊急避難小屋のソルヴェイ小屋を通過し、高度を上げていく。今日は固定ザイルのチェックをするのに、理想的な日だ。登山者はまだいないのでヘリの音で迷惑をかけることもないし、自分たちも邪魔されずに仕事ができる。

標高四三〇〇メートルの位置で、ヘルムットと私はロープに吊られてウインチで下ろしてもらう。岩壁に取り付けてある固定ザイルを手でつかみ、安全確保ができたら、ロープのフックを外し、パイロットに無線でヘリを上昇させてもよいと知らせる。ヘリはいったんツェルマット基地に戻って行く。仕事が完了するまで二、三時間はかかるだろう。ザイルの状態だけでなく、八〇センチほどの長さの鉄ピンもチェックしていく。その際、鉄ピンが接着されている岩盤の状態を特に入念に調べる。固定ザイルはこのピンに繋がれているが、ハイシーズンには一つのザイルに六人もの登山者がつかまるときがあり、この接着部分に大きな圧力がかかる。鉄ピンがきっちりと岩に接着され、岩にも割れ目などないことが命の安全確保につながる。

チェックは上部から始める。一つ一つのザイルと鉄ピンの状態を確認しながら、下に降りて行く。必要なところはザイルを取り替えるが、よく摺りきれる危険な個所はザイルをゴムのホースで包んで保護する。

全ての仕事を終え、ヘリを呼んだのは十一時前だった。ヘリが来るまでまだ時間がある。物資をまとめた後、おやつを食べる。仕事中の写真も撮った。毎年開くイエティ・クラブの集会で皆に見てもらうためだ。

イエティ・クラブは一九九〇年に、ツェルマット山岳ガイドの固定客が集まって創立された。その主旨は「病気や事故、死亡などによって山岳ガイドやその家族が経済的な困難に陥ったときに」支援するというものである。しかし、寛大な寄付のお陰で、クラブはこの固定ザイル整備のように、ツェルマット周辺の山々における緊要な設備の援助などもおこなっている。

今シーズンのチェックは終わり、青信号を出せる。ヘリでヘルンリ小屋に戻り、持っていった整備用資材を全て片付けて、ようやく休憩時間がとれた。小屋には今はもう山岳ガイドとして働いていないガイドたちが待っていた。ヘルンリ小屋での日々を懐かしがって、毎月、小屋のキッチンの小さなバーに集まってくるのだ。いつものように、昔話に花が咲く。

「今はいいよな。ヘリを使って、いつでも簡単に上に行ける」と、テノールの低い声で年老いた山岳ガイドが言った。

その通りだ。当時の山岳ガイドや救助隊と比較すると、今の救助活動はずいぶんと楽になった。昔は救助隊の組織も確立されておらず、救助活動は山岳ガイドがボランティア精神でおこなっていた。客と毎日のようにヘルンリ稜を登り、週末の休みの日もヘルンリ小屋に留まって、滑落した登山者の遺体を無料で回収していた。当時はヘリコプターがなかったので、怪我人は事故現場や、村まで背負って運ぶ途中に亡くなったりした。

遺体収容というのは特に危険度の高い仕事だ。昔も今も同じだが、ほとんどの滑落者はマッターホルン東壁の下に落ちて行く。それも、たいていは一般ルートからかけ離れている岩溝や岩棚に落ちていて、その収容は非常に危険だ。救助者は東壁を横切って行かなければならず、容赦ない落石に見舞われる。そんな所から遺体を収容するのは、山岳ガイドが偉大な理想をもち、遺族や死者に対して敬意をいだいている証拠に他ならない。そうでなければ、どうしてそんな大きな危険を冒してまで、救助にいくだろうか。無残な姿になった登山者を山岳ガイドは肩に背負ってヘルンリ小屋まで運んでくる。小屋に運んでから、遺体を包み、ラバに乗せてツェルマットまで下ろす。ガイドの服は当然ひどく汚れており、人前に出る前に小屋で洗ったものだ。

一九六八年にエアーツェルマット社が設立され、この誰も好まない仕事をヘリが代わってするようになった。リヒャルト伯父は、ヘリによる遺体収容が最初におこなわれた時のことをよく覚えている。

「友人の山岳ガイド、アルフォンスと私は東壁を二時間ほどトラバースして、滑落した遺体に辿りついた。それをロープで巻いて落石のない所まで移動させ、ヘリの到着を待ち、遺体をツェルマットまで運んでもらうのだ」

二人は岩棚でヘリを待っている間に死者に対する祈りを捧げた。

「ヘリが到着し、ロープの下端に付いた荷重フックが下りてきた。遺体をロープに接続したが、当時はまだ無線がなかったので、パイロットとは話ができない状況で作業を進めた。これがヘリコプターによる山岳救助の始まりだった。まだいろいろ欠けていて、臨機応変に対応する必要があった」

リヒャルト伯父は続けて話す。

「ヘリは遺体を運んで行った。それは自分とアルフォンスにとっては信じられないくらい大きな助けだった。遺体という重い荷物を背負うことなく、ヘルンリ小屋まで戻って来ることができたのだ」

当時、事故を起こした登山者が生き延びられる可能性はほとんどなく、無事に救助できることは少なかった。今はその反対だ。九十パーセントの救助活動はヘリでおこなわれ、搬送には時間がかからず、遭難者の扱いも丁寧になった。

昔は滑落者が見つからないことが多かった。遺体が二、三日後には雪や落石に覆われてしまうからだ。

実際、一八六五年のマッターホルン初登頂から現在に至るまでに、二十五名ほどの登山者がマッターホルンで行方不明のままになっている。

遭難は発明の母

Bergnot macht erfinderisch

文明が発達し十分な準備や用心をしても、残念ながら、事故はなくならない。しかし、多くの賢明な発明や技術改善のおかげで、救助活動は以前より容易になり、救助の可能性は格段に高まった。

ツェルマット山岳救助隊は毎年多くの遭難者を救助し、遺体収容もおこなっている。滑落死亡者の収容作業は気分のいいものではない。目に入ってくるほとんどが、ほんとうに悲惨な状態。それに加えて、こちらは、もう何もできない、という無力感に襲われる。標高差一〇〇〇メートルの岩壁や氷壁に幾度となく打ち当たりながら墜落した人体は、見るも無残な姿に変わり果てて谷底深く横たわっている。

もう二十年以上も前になるが、自分にとって初めての救助活動をよく覚えている。ヘルンリ稜から滑落した遭難者の遺体は残酷に変形し、マッターホルン東壁の麓に横たわっていた。見ただけで気分が悪くなり、ほんとうに吐きそうだった。遺体をロープで括《くく》り、死体袋に入れる作業を自分に無理強いしながらおこなっていた。しかし、時間が経ち年を重ねるにつれ、そんなことにも慣れてくる。誰かがしなければならない仕事なら、深く考えず、割り切ってする。

どういう風に心の整理をしているのか、とよく訊かれる。遭難の救助活動で体験したことは、必要以上に長く心に留めず、忘れるようにすることだ。人からみれば、何のわだかまりもなく平然としているように見えるだろう。それで私たち救助隊員は、時に血も涙もない冷たい人間のように思われる。しかし救助隊として出動する者は、自分が関わった遭難をいつまでも忘れられないようではだめだ。救助隊に入ったが、心の整理ができずに辞めていった人も少なくない。遺体収容というのは、必要不可欠な仕事であり、心の距離をもってやり遂げなければならないことなのだ。感情に流されて務まる仕事ではない。

幸運なことに、救助活動の大多数はハッピーエンド。人の命を助けたという満足感のある出動のみを覚えておく。クレバスに落ちた人、雪崩に埋まった人、岩壁や氷壁で動けなくなった人を助け出す。悪天候でも、昼夜を問わず出動し、無事に見つけた行方不明者、道に迷った登山者。ほとんどの人たちが救助隊に感謝してくれる。

私はもう二十五年以上も前に救助活動のスペシャリストとしての専門教育を受け、今では講習会を開催する立場となり、様々なコースを提供している。

ここヴァリス州の救助組織は、州の管轄下にあり、市や村の各共同体にいろいろな救助隊を配置している。私たちの救助隊もその一つであり、ツェルマット地域を担当している。面積二四三平方キロメートルあるこの地域には、二十九座の四千メートル峰が聳え、レジャーやスポーツを楽しむ人が多く、救助も必要となる。年間を通じてたくさんの観光客で賑い、スイスの中でも最も救助出動の多い場所である。

私たちの救助隊は、山岳ガイドを主な職業とする十二人でチームを構成している。要請があれば、救助隊の隊員として出動する。夏のハイシーズンは、三十年以上もツェルマット救助隊隊長を務めているブルーノ・イェルク隊長と副隊長の私で、ほとんどの救助活動を受け持っている。

他の隊員は山岳ガイドとしての仕事が終わった後に出動するのに対して、税関員としての仕事を定年退職したブルーノ・イェルクとヘルンリ小屋の小屋番である私は、緊急事態が起こればいつでも出動する。少なくとも一人は常に出動準備が万全だ。ブルーノが客と約束がある日に自分は客をとらないし、その反対の時もある。そうして毎月均一ではないが、年間にして百四十回くらい出動する。事故は三月と四月、特に七月と八月に集中している。七月、八月は一日に数回の要請がある。ほとんどが同じような慣れた救助活動だが、時には大がかりなものもある。

救助活動は多彩だ。雪崩、クレバス転落、岩壁で動けなくなった登山者の救出作業、行方不明者の捜索。オーバーハングや垂直の岩壁など難しい場所からの救出。峡谷、氷壁、急流からの救出。チェアーリフト、ゴンドラ、ロープウェイからの脱出救助。木、高圧線、岩壁などにひっかかってしまったパラグライダー・パイロットの救出。それも昼夜、天候、夏、冬を問わずいつ起こるかわからない。

それぞれの救助活動はひとつひとつ異なる。常に状況を考慮して行動しなければならない。ほとんどの場合、ヘリコプターでの救助となるので、エアーツェルマットとは深い協力関係にある。遭難者を素早く、安全に保護して救出するために、ヘリコプターはなくてはならない。

遭難者に山の事故現場で応急処置を施すことはなるべく避ける。事故現場はたいてい危険な場所にあり狭い。加えて、急に視界が悪くなったり、風が強くなったりすると、救助者自身も重傷者と共に山に取り残されてしまう。だから負傷者を安全なヘルンリ小屋などに移動することを最優先する。落石や悪天候の脅威から逃れた場所所で、医者の治療を受けるのだ。

悪天候でヘリが飛べない場合、救助隊は山岳交通機関や雪上車などの野外走行車両も利用する。それも不可能な場合は徒歩で現場まで行く。十七時間歩いて現場まで行ったこともある。そこからまた遭難者を谷まで連れて来なければならない。標高四〇〇〇メートルで救出した人を一四〇〇メートルの所まで担いで下りたこともある。もちろん時間はかかるし、遭難者も楽ではないが、山から安全な所まで運ぶために他に方法の無い時は、仕方がない。

夜間や霧が出ていてリスクの高い時は出動を見合わせることもある。遭難現場によっては十人もの山岳救助隊員が必要になるが、ヘリコプターの飛行クルーも含め、不必要な危険を冒すことはない。それでも事故者が命にかかわるような状態の場合は、当然のこととして出動する。

救助活動はスイス国内だけに留まらない。外国から、例えばパキスタンにある標高八一二五メートルのナンガ・パルバットや、ネパールのヒマラヤ山脈のいくつかの山からの救出を要請されたこともある。ここ数年前からツェルマット救助隊は、年に六週間に限り、ネパールで出動態勢をとっている。エアーツェルマットのパイロットと山岳救助隊員の二人組が交代で、空からの救助隊としてヒマラヤで活躍すると同時に、地元でパイロットと救助隊員の養成に当たっている。二〇一一年に創設された「ツェルマットアルプス救助財団（略称ａｒｆ）」が資金面で援助している。とはいえ、当救助隊と私の主な活動はツェルマットであり、スイスの養成コースもここで開催している。

過去二十五年間で千件以上の山岳救助に関わってきたが、悲惨な結果に終わった救助活動も数多く経験した。自分自身で起こした過ち、あるいはただ不運だった事故。その多くの登山者は自分の力を買いかぶり、山を見くびり、目的遂行のために自然の脅威を軽んじた人たちだ。忠告に耳を傾けるのは「命」にかかわることなのに聞き入れなかったのだ。特に自然が何かを伝えようとしているとき、その言葉を理解できないなら、経験ある山岳ガイドや小屋番の忠告に従うべきであろう。

偉そうに聞こえるかもしれないが、きちんとした根拠があるから言うのだ。中止にすべきだと忠告しているのに、耳を貸さずに登攀を実行した登山者をもう何人も見てきた。山の状態が悪く、山岳ガイドでさえ危険が高すぎると判断して、山行を中止しているというのに。このような人たちは、私が登頂を邪魔しようとしていると思いこみ、まるで言うことを聞こうとしない。どうして私が理由もなしに登頂を阻止しようとするのか。小屋の宿泊料金も徴収できなくなり、売上げが少なくなる。山岳ガイドは登攀を中止すると、日当を失う。私たちの忠告を素直に聞き入れてもよいのではないだろうか。

特に登山を趣味としている人たちは、なかなか計画を中止しない。「ただの」趣味活動なのに、どんなことがあっても予定した日程をこなそうとする――そして何かが起こる。大変な不運に見舞われたこの人たちも、当然のことながら、救助の対象となる。救助隊が自分の命の危険を冒しながら、活動することはほとんど知られていない。山岳救助は当然なサービスだと誤解されることが多い。特に、数時間前に登山を中止するよう忠告した登山者を救助しなければならないときは、気分のよくないものだ。この人たちの計画書には最初から「もし、うまくいかなかったら、救助隊を呼ぼう」という項目が入っているに違いない。それほど軽く考えられているのだ。

山岳救助は大変だ、と思わない登山者が増えている。怪我もなく、たいしたことでもないのに、緊急事態だと振る舞い連絡してくる。携帯電話と保険が「ためらい」という道徳観念を低下させた。「ちょっと電話して救助を呼ぼう」という感覚だ。そうして、それほど必要でもないのに、救助隊が危険性の高い夜間や悪天候の中を出動することになる。遭難現場に到着すると、大抵はいわゆる「遭難者」より、救助者の方のリスクが高い。このような呼び出しが多くなると、近い将来、山岳救助を制限しなければならないことになる。そうなれば、今度は本当に緊急事態に陥っている人に致命的な結果をもたらしかねない。

昔は遭難者が救助を要請する時、電灯の点滅や照明弾を使って知らせたものだ。緊急警報を出すのが今のように簡単ではなかった。本当の緊急時のみに救助隊が出動した。単に太陽が沈んで暗くなったとか、天候が急変して怖くなった、などの理由で呼ばないでほしい。翌日まで我慢すれば、また普通に下山を続行できる。

本当の遭難であるかないかに関わらず、緊急通報を出しさえすれば、自動的に「空のタクシー」が来るということではない。

奇跡の治療法

Die Wunderheilung...

キッチンはまた、喜びに溢れ、賑やかな笑い声が聞こえていた。山岳ガイドと客の全てが無事に小屋まで戻ってきて、ガイドたちはいつものテーブルに集まっていた。しかし、山岳ガイドなしで出発した登山者たちはまだ山の中だ。その中の数人は日が暮れるまでに小屋に戻って来られないだろう。ということは、今晩は山のどこかでビバークして、夜明けを待って下山を再開することになる。天気の良い時なら何も問題ないことだ。

十六時頃にコールセンターから電話がきた。

「マッターホルンの頂上から緊急電話があった。イタリア人登山者二名だが、そのうち一名が高山病で、下山できなくなっている」

すぐ外に出て、山を見上げた。マッターホルンの頂上は霧で覆われていて全く見えない。ヘリでの救助は不可能だ。

「そのイタリア人と直接話したい。電話をつないでくれ」

二、三分後に電話が通じ、イタリア人が電話口に出た。しかしすごい早口でまくし立て、理解できない。

「もう少しゆっくりしゃべってくれないか？　でなければ英語で話そう」

私が分かるようにゆっくりと説明し始める。

「仲間が肺水腫になったようで下山できない。何が何でもヘリで救助してくれ」と言う。

「頂上が霧で覆われている限り、ヘリでの救助は無理だ」と天候状態を説明した後、続ける。

「一番いいのは、すぐに下山を開始することだ。肺水腫になると、患者は十分な酸素を血液に取り入れられなくなる。なるべく早く高度を下げれば、気圧が増してきて、患者の状態もよくなる。私と三人の山岳ガイドはヘリで、霧の下、四二〇〇メートルまで飛ぶ。そこから、岩稜を登ってあなたたちを迎えに行く」

イタリア人は賛成しない。

「ダメだ。友達はもう下山できる状態じゃない。ヘリで助けてもらわないと困る」

私はだんだんと腹が立ってきた。

「あなたたちに選択肢はない。問題は、どういう救助方法が可能かということであり、そして今は徒歩でしか救う方法はないのだ」

状況判断は難しかった。自分は患者を直接見ていないのだから、実際にどこまで切羽詰った状態なのか、確実に言うことはできない。しかし、大体のことは薄うす分かってきて、このイタリア人は命に関わる状態ではないだろう、と察していた。もう夕方になり、視界も悪い。下山は長い道のりで、今日中にヘルンリ小屋まで戻るのは多分無理だ。どこか山の中でビバークしなければならない。高山病を装って、救助してもらうのが一番楽だ。肺水腫というのは普通、後で証明することはできない。一番快適に戻る方法は、空のタクシー、すなわちヘリコプターで運んでもらうこと。料金はどうせ保険会社が払ってくれるだろうから。

しかし、これはあくまでも私の推測でほんとうに緊迫した事態でないのかどうか、確信は持てなかった。電話での状況判断は確実なものではない。

そこでエアーツェルマットと、救助隊に登録している三人の山岳ガイドに出動を要請した。ウルス、リッチ、ヘルムットは客たちとマッターホルン登頂を果たし、キッチンでくつろいでいた。が、緊急要請には従わなければならない。

「悪いが、もう一度お出かけだ！」と、話を中断させた。

三人はすぐコーヒーカップをテーブルに置き、立ちあがった。ベテランの救助隊員は緊急時に詳しい説明をする時間のないことを承知している。早速、準備が整った。ヘリのパイロット、ダニーが「ツェルマット基地を出発した。十分で到着する」と、無線で伝えてきた。

少し雨が降ってきた。霧が濃くならないように願う。でないと頂上まで歩く距離が長くなるだけだ。

ダニーが小屋に到着し、二、三分で準備が整った。視界が悪いので、ロープ救助方法は見合わせることにした。パイロットは霧のため地面すれすれのところを飛んでいる。ヘリのウインチ（巻き上げ機）を利用することにした。ウインチを使うと患者や救助者をいつでも必要な時にヘリの機内まで引き上げることができる。ロープ救助ではできないことだ。

ヘッドホンをつけてダニーとこれからの救助方法について話す。急げば、日暮れ前に救助活動を終わらせることができるかもしれない。二人ずつヘリで上に飛んでいく。まずリッチと私が飛び、後にウルスとヘルムットが続く。数分で標高四二〇〇メートルの「肩」と呼ばれている箇所に到着する。ぎりぎり霧の下だ。ここから上へはヘリではいけない。ダニーがヘリを肩の上空十五メートルの位置でホバリングさせ、ウインチを使って自分を地上へ下げていく。アイゼンをつけた靴が岩に触れるのを感じると、フックを外し、パイロットに「ザイル、フリー」と伝える。つづけてリッチが下りてくる。ヘリはその後、小屋までウルスとヘルムットを迎えにいく。私はリッチとザイルで繋ぎ合い、頂上へ向かって進んでいく。イタリア人が頂上から少しでも下りてきてくれると時間の短縮になるのだが、と思いながら登っていく。頂上からヘリに乗れるところまで下りてくるのに、約一時間はかかる。数分歩くと、早くも霧に包まれてしまったが、ウルスとヘルムットが乗ってきたヘリの音が聞こえた。十五分ほど登ったところで二人組のザイルパーティーに出くわした。下山途中のドイツ人だった。

「上でイタリア人を見かけたかい?」

「見たよ。頂上に座って救助を待っている。でもそんなに悪いようには見えなかったけど」

私はひとこと言いたかったが、それは心に抑えて、黙って通り過ぎた。そうこうするうちに、ウルスとヘルムットが追いついてきて、四人揃って頂上へ向かって登っていった。頂上に到着し、二人の様子をうかがった。一人は雪の上に座り、もう一人はその横で寝袋に入って横たわっている。軽く挨拶して、寝袋に入っている方の登山者を丁寧に観察しながら、健康状態を訊いた。重体でないことはすぐ分かった。それでも二人は、ここからヘリで小屋まで運んでくれと言い張る。

「それは視界が悪いからダメだ。まず一、二時間下山して、そこからはヘリで小屋まで飛べる」

すぐに下山の準備をするように促した。ぐずぐずしていると暗くなってしまう。しかし、二人は動こうとしない。座っている方の登山者に救助活動の手順を説明する。ウルスとヘルムットは寝袋に入っている方の登山者を世話している。ウルスは「患者」に寝袋から出てくるように促し、立たせた。容赦ない態度で厳しく指示を出し、反抗できないようにうまく誘導している。ガイドとしての仕事が済んで、ヘルンリ小屋でゆっくりと休んでいるところを、引っ張り出されて来たのに、大した緊急事態でもないようなので、ガイドたちの機嫌も悪い。

寝袋に入っていたイタリア人は、すでに寝る用意をしていたようで、まず服装を整えなければならなかった。ジャケット、手袋、アイゼン、ハーネスを装備させる。最後に寝袋もリュックサックに詰める。五分ぐらいで準備が終わり、出発した。リッチと私は二人目の登山者とザイルで繋ぎ合う。登山者を先に歩かせ、ザイルを繋いでいるリッチが後に続き、さらにその後をパーティーの三番目として私が歩く。登山者が滑落し、リッチ一人で確保できないときのためだ。すなわち二つのザイルパーティーの一番後を私は歩いている。一人目の登山者とザイルで繋ぎ合っているウルスとヘルムットも同じだ。この方法で私たちは比較的スムーズに下山していった。

最初は、特に「高山病患者」の方は下山の足取りがおぼつかなかった。私たちは否応を言わせない態度で指示を出していたが、これがモチベーションになったのか、そのうちにうまく前進できるようになった。二十分も下山しているうちにテンポもよくなり、順調に進んでいく。どちらの登山者も健康に問題はない。肺水腫のことなど忘れてしまったようだ。あるいは、奇跡が起こって治ってしまったのか？

固定ザイルの所まで下りて来ると、登る途中に出会った下山中のドイツ人パーティーに追いついた。

「早いですねえ。お二人は何の病気だったのですか？　何とも便利な病気ですね！」

「いや、気力の問題ですよ」と、私は答えた。ドイツ人たちは笑い、私たちを先に通してくれた。肩の下あたりで、視界がよくなり、一〇〇〇メートルほど下のほうに、小さくヘルンリ小屋が見えた。パイロットのダニーは小屋で待っている。

「四一〇〇メートル地点まで下りてきた。視界は良好。準備ができ次第、また連絡する」

二人のイタリア人にもこれからどうするのか説明した。しかし、イタリア人は急に空のタクシーに乗りたくないと言う。保険会社が高山病にかかったということを信頼せず、この救助活動の費用を払ってくれないかもしれない、と疑い始めたのだろうか。その通りだった。二人はこのまま徒歩で小屋まで連れて行ってほしいという。その方が安くつくと思ったようだが、それは大間違い。ここからヘルンリ小屋までまだ三時間はかかり、その方が高くつくのだ。それに加えて、救助活動にあたっている三人の山岳ガイドは、明日また早朝から客を連れてマッターホルンを登攀する予定だから、歩くのはごめんだ、と言う。

「この救助活動はご希望の曲をコンサートで奏でるようなものではない。救助を願い出たのはあなたたちだ。救助の手順は我々が決める」

ヘリで下りる方が安全で効率的だ。討論終結。ヘリ輸送の準備を整え、ダニーに連絡する。

「出発準備完了」

ヘリは先にウインチで二人の登山者を引き上げ、ヘルンリ小屋まで運んだ。その後にウルスとヘルムット、最後にリッチと私を運ぶ。時間は十九時半。ぎりぎり日暮れに先んじた。

「高山病」のイタリア人は小屋でヘリ会社所属医の診察を受けた。どこにも重大な病気の徴候はなく、入院の必要もない。誰も想像しなかった結果だった！

それでも、二人はヘリでツェルマットの医者にかかり、詳しい検査をしてもらうことになった。もし、法律上の問題で保険会社と争うような事態になったとき、われわれ救助隊に落ち度のないようにしておくためだ。

「肺水腫」になった登山者をマッターホルンから救助するケースは多くない。登山者が四〇〇〇メートルを超えるのは高山に慣れた二日目で、滞在する時間も短いから、高山病になる人はほとんどいない。ヒマラヤは違う。標高のとても高い所に長時間いると病気になる人が多い。シェルパは別で、空気の薄いヒマラヤの標高に慣れているから、大丈夫だ。もしヒマラヤのシェルパがマッターホルンに登頂しても高さそのものは何の問題にもならないだろう。しかし、思いもかけない困難を引き起こすこともある。例えば、断崖絶壁が……。

シェルパとマッターホルン
Der Glaube kann Berge versetzen

一九五三年にエドモンド・ヒラリーがエベレストに初登頂した。しかし頂上に立ったのは彼一人ではなく、シェルパのテンジン・ノルゲイが一緒だった。

シェルパというのはネパールのヒマラヤに住む一部族の名称だ。標高五〇〇〇メートルにも及ぶ村落に住んでおり、高度に強く、信頼できる性格だと評判が高い。しかし、世界的に有名になったのは、もちろん世界最高峰を初登頂したヒラリーの同行者としてであろう。

二十世紀の初め、未踏だった八〇〇〇メートル峰の初登頂競争が始まった。シェルパは当初、ただのポーターとして山に同行していたが、そのうちにヒマラヤのガイドやエキスパートとして働くようになった。現在でもこの巨大な山々に登頂しようと先進国からやってくるヒマラヤ遠征隊にとって、忠実で勇敢な同行者である。

ツェルマットの山岳ガイドで編成されたローツェ・シャール峰遠征の一員として、一九八八年にネパールを訪れた時、私は現地でシェルパのアン・カミと知り合った。標高八三八三メートルのローツェ・シャールは、エベレストに近く、世界で四番目の高峰ローツェの隣に位置する。アン・カミはツェルマット遠征隊の高所ポーターとして働いていた。シェルパの中でも屈強だと言われている数人の内の一人で、すでにいくつもの八〇〇〇メートル峰に登頂していた。私は「マッターホルンに案内するよ」と、スイスに招待した。一九九七年になってようやくそれが実現し、ヘルンリ小屋に特別なお客様がやってきた。

アン・カミと私の生年月日は同じだ。実はこれには訳がある。スイスに招待したが、アン・カミは有効なパスポートを持っていなかった。それでネパールまで行って、まずパスポートを申請することになった。申請書にはいろいろな記入事項があり、多くの質問にも答えなければならなかったが、その中のひとつが、生年月日だ。しかしアン・カミは自分の生まれ月も日も知らない。電話でアドバイスを求められた私は

「でも、あなたが生まれたのは事実で、それはお役人も分かるでしょう。発明されたわけではないし。生年月日は適当に書けばいいでしょう」

人の年齢というのは気持ち次第。自分が何歳であるのか、分からないのはすごく良いことだ。現在の先進国では年齢を気にしすぎる。こう説明してもアン・カミは、でもいったいどうすればいいのか、と困惑していた。

「ここでは年齢なんて重要じゃない。両親も兄弟姉妹も、何年の何日に自分が生まれたのか誰も知らない」

「じゃ、私の生年月日を書けばよい」と、最終的に提案した。

その通りに申請してパスポートが下りた。それ以来、私たちは同じ日に生まれたことになり、同じ日に誕生日を祝う。

マッターホルン登頂を阻むものはなくなった。アン・カミは山のベテランで、体力に問題はない。高度にも慣れているし、気のおけない楽しい登攀になるはずだ。

ヘルンリ小屋に到着すると居心地いい様子。周りの景色は、もちろんヒマラヤほどではないが、故郷と同じように高峰が並ぶ山の世界。短い夜が明けて、早朝四時ごろに私はアン・カミとザイルを結び、先頭に立ってヘルンリ稜の取付に向かった。後ろに五十組くらいのザイルパーティーが続く。私たちはすぐに規則的なテンポで前進して行った。ヘルンリ稜というのは階段がずっと続いているような所で、その一段一段の高さが違い、同じテンポで動くのは実際なかなか難しい。しかし山を登る時、規則的なテンポで進んでいくのは、とても重要なことだ。体が順応していき、長時間耐えられる。順調に進んで高度を上げて行った。周りが明るくなったころ、ソルヴェイ小屋まで来た。後続のパーティーはまだまだ下の方だ。少し休憩し、おやつを食べ、飲み物を飲んだ。しかし、ネパールからのお客様の様子が少し変だ。

「アン・カミ、どうしたんだ？」

「気分が悪い」

「なぜ？」

「ヒマラヤにも切り立った岩壁のある難しい山はある。しかし、ほとんどの登山者は容易に登れる山を選ぶので、シェルパとしてもそんな山へしか同行していない。ヘルンリ稜のような眩暈《めまい》のする険しいルートをクライミングすることはない」と、答える。

つまり、今まで登ってきた八〇〇〇メートル級の山々は、雪の上を歩くツアーだった。こんなに狭いリッジや深淵、オーバーハングした岩壁などなかったので、慣れていないと言うのである。

オーケー、分かった。でもここまできたら、もうどうしようもない。先に進むだけだ。何とかなるだろう、とさらに登っていった。三十分後、太陽が昇って周りが明るくなった頃、アン・カミはほんとうの恐怖心にとらわれていた。深い谷底がはっきり見える。

「私はべつに頂上まで行かなくともよい。もうここから下山したい」

嘘だろ。まさかシェルパが高所恐怖症？　聞いたこともない。

「下を見るな。登る時、私の靴だけを見て動け」

アン・カミは必死に後をついてくるようになった。マッターホルンの肩、四二〇〇メートルの地点を過ぎる。私のテンポに合わせてついてきている。もう大丈夫だろう、調子がいいかどうか訊かないことにした。高所恐怖症はもう治ったのだろう。さらに登っていく。固定ザイルの所まで来た。頂上まで後二〇〇メートル。しかし、ここはヘルンリルートで一番勾配のきつい箇所。自分の足の間から一〇〇〇メートルはある谷底を見てしまったアン・カミは

「もう終わり、帰る」

と遂にストライキを起こしてしまった。なんとか先に進ませようと、いろいろ説き伏せてみた。

「シェルパともあろう君が、もう少しで頂上だというのにここで諦めてしまったら、後でぜったい後悔するよ。シェルパの名誉にかかわるよ」

それでもアン・カミは

「よく考えると、下山のことがすごく恐ろしい。もう、一歩も動けない」と言う。

「帰りがどっちみち怖いのなら、頂上からでも同じだ。さあ、行くぞ!」

命令口調でついて来るように言った。普通なら、そんな無理強いはしない。ちゃんとした根拠があるのだが言えない。頂上で待っているサプライズの内容を知ったら、すぐさま今の恐怖感などふっ飛んでしまうのだが……。マッターホルンを登攀すると、ふつうゴールは頂上ではなく、ヘルンリ小屋だ。山頂は折り返し地点で、そこからまだ登りと同じぐらいきつい下りが待っている。しかし、アン・カミにとっては、私だけが知っていることだが、頂上がゴールなのだ。

可愛そうなアン・カミは私の断固たる態度に、それ以後、何も言えなくなった。再びクライミングを始め、その日一番目のザイルパーティーとして頂上に到着した。アン・カミはまだ非常に緊張していた

が、ようやく登りが終わったことで、とても嬉しそうだった。今日の目的地はこのスイス側の頂上ではなく、十字架があるイタリア側だ。さらに狭い尾根を一五〇メートル歩き、イタリア側の頂上にたどりついた。

アン・カミはすぐ十字架を抱き、神に感謝し、下山の加護を忘れずに願い出ていた。仏教徒である彼が、私たちの神に助けを求めているのに驚いた。仏教というのはどうやらすごく寛容なようだ。この世の全ての宗教にこんな心の広さがあるといいのに！　いろいろな宗教を信仰している人たちにもう少し柔軟性があれば、この世の悲惨な出来事も防げるだろうに。私たちが信じているのは、皆同じ神様かもしれない。自分の信仰だけが正しいと固執する限り、将来も今と変わらず戦いが起こる。

こうして仏教徒の友人と私はマッターホルン頂上に座っていた。アルプスの最高峰ではないが、その姿は最も印象深く心に残る。私には絶対マッターホルンがこの世で一番美しい山なのだ。

マッターホルンは国境にまたがっており、三分の一はイタリア、三分の二はスイスにある。それ故、頂上も二つある。八十メートルほど続く狭い頂稜の東端にスイス側の頂上が、西端に十字架の建つイタリア側の頂上がある。重さ八十五キロ、高さ二メートルのこの十字架は、一九〇二年にイタリアの山岳ガイドたちが、イタリア稜ルートを登って頂上まで担ぎ上げ、岩に取り付けたものである。それが九十年経って補修が必要となり、ヘリで谷まで運んで一年かけて修復し、新しく綺麗になったものが数週間前に同じ場所に再び取り付けられたのである。

アン・カミと私は素晴らしい天気の中、壮大な山のパノラマを堪能していた。突然、無線が鳴って、アン・カミを驚かせた。

「何かあったのか？」と怖がっている。

「大丈夫だよ。なんでもない。山岳ガイドは皆いつも無線を持ち歩いているんだ」

無線はブルーノからだった。ツェルマットの救助隊隊長ブルーノが私の現在地を問い合わせてきたのだ。

「約束通り、アン・カミと一緒にマッターホルンの頂上にいるよ」

改修し新しくなったイタリア側山頂の十字架を清める祝典ミサが今日行われることになっており、麓の町チェルヴィニアから代表団が頂上までヘリでやってくる。司祭がミサを執り行い、十字架に神の祝福を与える。イタリアの山岳ガイドたちが救助隊隊長のブルーノとヘルンリ小屋番の私を招待してくれたのだ。

「チェルヴィニアを出発したヘリが十五分ぐらいで頂上に到着する」

横でやりとりを聞いていたアン・カミはその内容をおおよそ察したようだ。ヴァリスドイツ語を理解できるはずがないのに、自分もそのミサに立ち会いたい、と熱心に言う。おやおや、シェルパさん。ドイツ語が急に分かるようになって、しかもクリスチャンになってしまった、と私は心の中でほほ笑んだ。

「じゃあ、ほんとうのことを言うよ。このミサが今日あることも、ヘリで下山できることも、もう昨日の時点で分かっていたんだ。でなかったら、あんなに無理やり、頂上まで追い上げるようなことは、絶対にしないよ」

アン・カミの顔は喜びでいっぱいになった。あのヘルンリ稜を自分の足で下山しなくてもよくなり、ほんとに安堵したようで、私たちのわだかまりも溶けた。

後続のパーティーも頂上に近づいてきている。皆、イタリア側頂上より標高の高いスイス側の頂上に留まるだろう。イタリアからヘリが飛んできて、着陸用台《スキッド》を頂上の狭い尾根に下ろし、乗客が降りてきた。予定された参加者すべてをイタリアの頂上に運ぶのに、ヘリはチェルヴィニアとマッターホルンのてっぺんを三往復した。司祭がミサを遂行し、十字架を祝福した。

感激の瞬間だった。百年に一度しか行われない祝典ミサに出席できたという感慨だけでなく、本当に神が身近に感じられたからだ。アン・カミも感動していたが、空のタクシーの方に気を取られているようで、表情からは「何があっても、歩いて下山したくない」と、読み取れた。

祝典ミサが終わり、イタリアワインのキャンティ・クラシコで乾杯してから、参加者は再び三組に分かれてチェルヴィニアに帰っていった。私たちもヘルンリ小屋にヘリで到着。アン・カミは私の手を握り、楽しい一日をありがとう、と感謝してくれた。特に下山がヘリ飛行になったことが嬉しかったようで、

「この山は標高が半分しかないが、ずっと勾配がきつくて危険だからヒマラヤで働く方がいい」と言った。

アン・カミは学校に行ったことがない。二年前まで読むことも書くこともできなかった。馬鹿だと言っているのではない。全くその反対で、生まれつき才能に恵まれ、呑み込みが早い。一年もたたないうちに、自分で読み書きを勉強した。今ではEメールを書いてくるほどだ。現実的にものをとらえて考えられる人間だ。いろいろなことに興味を示し、質問して学んでいくようだ。ツェルマットの村内観光をし

ているときは興味津々で、特にスイスの食料品売り場は、とりわけ印象深かったようだ。犬や猫の餌売り場の前で長い間、立ち尽くしていた。何か困惑気味だ。

「何かおかしいかい？」

アン・カミは首をかしげるだけで何も言わない。こちらが勝手に推測してみるに、ネパールでは誰も犬や猫、鳥のエサにお金を出す人はいない、だから売っていることを理解できないのだろう。あるいは何かもっと違うことを考えているのだろうか。気になったので、別の機会にもう一度訊いてみることにした。シェルパというか、アジア人は一般にとても控えめだ。特に相手が困るようなことは口に出さない。私は強いて聞き出した。

「ネパールにはいろいろな国から遠征隊が来る。韓国人を案内したこともあるが、犬の肉を食べていた。最初は嫌な感じだったが、そのうちに慣れた」

「それで？」

「ツェルマットのスーパーマーケットで、いろいろ缶詰を見た。缶には犬や猫の絵が描いてあった」

だんだんと何を言おうとしているのか、分かってきた。

「スイス人が犬や猫、小鳥の肉を食べるとは思いもしなかった。それも新鮮な肉ではなく、缶詰を！」

笑いを抑えられなかった。でも考え方としては間違っていない。そのまま素直に考えたのだ。缶詰の中身が表に描かれている。

「心配しないで、アン・カミ。缶の中身は、犬や猫や鳥の肉ではなく、その動物用のエサなんだ」

今回の滞在中、二度目の大きな安堵の顔を見た。

ヘルンリ小屋で快適に過ごすには

Himmlische Genüsse

ヘルンリ小屋の生活は、近代文明からかけ離れているが、ありがたいことに韓国人がヒマラヤで食したようなものは食べなくてよい。そんな状態に陥らないように、十分の用意をする。すなわち、水の確保ができたら、次に食料品の仕入れが重要な課題となる。保存のきく食料品や飲み物、パスタ類、米、ジャガイモ、コーヒー、紅茶、砂糖、塩、ミネラルウォーター、ソフトドリンク、アルコール類はヘリで持ってきてもらう。

昼食後、ひととおり手配してヘリでツェルマットに下りる。村で業者に会い、前もって注文しておいた物資を受け取り、ヘリで運搬する手はずを整えるためだ。一週間ぶりで自宅に戻り、一泊した。翌朝はまずコンピューターの前に座り天気予報を確かめる。午前中の天気が物資運搬に適していなかったら、全てを白紙にもどして、天候の回復を待たなければならない。幸運なことに、今日は最高の天気。雲一つなく、風もない夏のような暖かい一日となりそうだ。

村の外れにある物資積載場まで歩いていく。ヘルムットが手伝いにきてくれるようで、大いに助かる。業者とは七時半に約束をしている。ガソリン車の村内通行が禁止されているツェルマットでの物資運搬は複雑だ。小屋に荷物が到着するまで四度の揚げ降ろしがある。まず業者が電気自動車で注文品を村はずれの物資積載場まで運んでくる。そこでトラックに積み替え、標高二二〇〇メートルのシュタッフェルアルプのレストランまで運ぶ。ここでヘリに積み替え、ヘルンリ小屋まで空輸する。

ヘリ輸送を標高の高いシュタッフェルアルプからにすることで、飛行時間を十分も短縮できる。運ぶ回数にもよるが、一分間四十スイスフランの飛行を十数回繰り返すのだから、この積み替え作業をすることで、時間もコストも大いに節約できる。電気自動車からトラックに積み替え、念のために荷物の個数と内容をチェックする。二時間かからず業者と共に積み替え作業を終了した。食料品はいつも最低必要量のみ注文する。小屋まで運んだのに余ったりしたら、またヘリで村まで降ろさなければならない。そんな無駄なことをするわけにはいかない。

トラックは、でこぼこ道をシュタッフェルアルプまで上っていく。到着したら、大きなネットに飲み物や食料品を仕分けして入れていく。ヘリが次から次へと運んでいけるように用意するのだ。ヘリコプター・ラーマＳＡ３１５Ｂ型は海抜ゼロの場合、一一〇〇キロまで一度に輸送できる。標高三〇〇〇メートルになると空気密度が低くなり、最大七〇〇キロまでしか運べない。一つのネットにどれぐらいの物資を入れれば、ちょうどよい重量になるのか判断していくのはなかなか難しいことである。しかし、長年の経験でかなり正確に振り分けることができる。昼ごろには全て終了。各六五〇から七〇〇キロの荷物を一つのネットに分けて入れた。ヘルンリ小屋にいるステファンに連絡を入れる。

「後一〇分ぐらいでヘリが来るので、到着次第すぐに輸送を始める」

パイロットのロビーと助手が飛来し、上空でホバーリングしている間に最初のネットを長さ十八メートルのスチールケーブルに引っかける。ヘリは上昇していき、荷物を引き上げようとするが、上がらない。

ロビーが無線で「重すぎる」と連絡してきた。

ヘリの重量計は運搬可能範囲の七〇〇キロを示している。しかし、最初のフライトには助手が乗っているので、その分だけ、減量しなければならないのだった。ネットのフックを外し、開けて荷物の一部を取りだす。六〇〇キロになった。助手の体重をプラスしても大丈夫、問題なし。さて、取りだした分を残りのネットにまた振り分けねばならない。制限重量より低いと思われるネットに分けていく。

助手は最初のフライトで小屋まで行き、そこで待機する。小屋との無線連絡ができるようにするためだ。幸運なことに後続の運搬は全て問題なく進んでいった。ヘリが飛び立つとき、小屋にいる助手にネットの内容が何であるか、知らせる。それによって小屋のどの入り口に荷物を下ろすかが決まる。

小屋には入り口が三カ所あり、地下貯蔵庫のそれぞれの区画に繋がっている。小屋は小さいので、きっちりと整理して保存していくことが重要だ。搬入プランに基づき、食料品を地下室に分けていく。ヘリのパイロットはネットを入り口のすぐ前に下ろす。スタッフがそれをキッチンや食堂、あるいは階段を通ってそれぞれの地下室に運んでいく。一時間で十トンの食料品と飲み物が小屋に到着した。最後の軽い運搬品と一緒にヘルムットと私もヘルンリ小屋へ向かう。小屋に到着したら、空になったネットをヘリに積み込み、ロビーは今日の最後のフライトに出発する。

長年一緒にやっているので、お互いに信頼できる良いチームだ。小屋のスタッフたちもよく仕事をやり遂げてくれた。山岳ガイドたちにも随分助けてもらったようだ。全ての食料品と飲み物が地下室に運び込まれていて、天井まで積み上げてある。これだけあってもシーズンの終わりまで持たないだろう。

新鮮な食料品は週に三、四回ヘリで持ってきてもらうことになる。ここでは誰も空腹と喉の渇きを我慢しなくてもよい。十分の蓄えがある。

小屋の客には気分よく快適に過ごして頂きたい。そのためには全てが正常に機能していることが基本となる。すなわち、十分な食料があり、水道から水が出て、コンセントには電流があることだけではない。ここでは、どんな小さなものも全てまず電話で注文して、ヘリに持ってきてもらわなければならないのだ。野菜、果物、卵、ミルク、バター、チーズ、ケーキ用の生地、パン。釘、ネジ、ナイフやフォーク、掃除や洗濯用の洗剤、布巾、シーツ、トイレットペーパー、ヘッドランプ用の電池、電気製品用のヒューズ、電球、雪かき用スコップ、台所の電気製品用の部品。料理用のガス、発電機用のディーゼル油。どれ一つとして、この山の上で調達することはできない。では、天気が悪くてヘリが飛べないときはどうするのか。先を読んで計画を立て、準備することだ。しかしながら、山の上では最新の新聞を買えない、ということを思いもつかない客はいつもいる。

「え！　シャワーできないの？」

「パンが足りない」

「携帯が通じない。それにここは何でこんなに物価が高いんだ！」

ヘリの音がうるさい、と言う人もいる。喉の渇きをいやしてくれる飲み物や食料品を持ってきてくれるヘリ、緊急事態の人を救助するために来るヘリが、うるさいと言う。多分ミルクはスーパーマーケットで生産されていると思っているのだろう。私にはそういう人たちが理解できない。

注文と運搬の手配だけで丸々一日過ごしてしまうこともある。だからスタッフの相互協力と自主性は小屋が機能する重要な要素となる。コックのステファンは朝八時から仕事を始める。キッチンは比較的小さく、ガスコンロは八つしかない。しかもその内の二つは水を沸騰させるための専用コンロなので、準備万端にしておかなければ、忙しくなったときに回らない。皆のお腹がグルグル鳴るころ、十二時から十五時の間は大忙しだ。上からも下からも客が押し寄せてくる。下から登ってくるハイカーたちも、上から下りてくる登山者たちもお腹を空かせてやって来る。皆、待たずに食べたいのだ。

当レストランの得意料理はスイスの名物料理、レシュティだ。この料理に使用するジャガイモは毎日二十五キロ。茹でて、手作業で皮をむき、機械ですりおろして下ごしらえをしておく。後はフライパンで焼くだけだ。同じようにスパゲッティ（ナポリタン、ボロネーゼ、アーリオオーリオ）や、スープ、フルーツケーキの支度もしておく。

簡単な料理でもおいしく作るには大きな準備態勢が必要だ。小屋で働くスタッフもしっかり食事をして体力を保持しなければならない。午前十一時がスタッフの食事時間。その後、そんな時間はなくなる。夕方になると、新しくやってくる登山者や山岳ガイドたちの食事も用意しなければならない。

夕食のメニューは一種類。皆同じ料理を食べる。ただし、日替わりで毎日違う料理が出る。前菜はスープ。メインは仔牛のローストか、ポークステーキ、牛肉の煮込み、スイス風カレー、鶏肉のシュニッツェル。付け合わせとして野菜と、ライスか、ヌードル、マッシュポテト、ポレンタ（トウモロコシ粥）から一種類出る。皆がお腹いっぱいになるように、ステファンは大忙しだ。

ヤスミン、ステファニー、マルティーナの仕事は朝七時半に始まる。朝食の給仕と片づけが終わったら、食堂、テラス、トイレ、部屋、階段の掃除。飲み物の補充、ナイフやフォークを磨いて、食卓を整え、メニューを各テーブルに配り、フルーツケーキを焼く。昼時になると給仕をする。十五時を過ぎるころから、次々訪れる宿泊の登山者やハイカーを迎え、部屋割りを決め、宿泊料金を徴収し、必要に応じて独、仏、英、伊、スペイン語で小屋の規定を説明する。

築百年のヘルンリ小屋には増築された建物があり、五十人分の宿泊施設と食堂がある。こちらの建物は息子のケヴィンが担当している。夜中に起きて、登山者を起こし、朝食を提供する。皆が出発した後、片付け、掃除をして再び夜の客を迎える準備をする。昼間は閉めており、夕食は本館の三十分前にステファンの作った料理をこちらの食堂で出す。

そして夜の十時半ごろに、一日の仕事が終わる。疲れた体をベッドに横たえてようやくほっとする。特に好天の日は目の回るような忙しさだ。毎日、毎日、時間が矢のように過ぎていき、その内に時間の感覚がなくなってしまう。ここには週末も休日もなく、毎日何も変わらない。食料品を注文しようとして、いくら電話をしても出ないので不思議に思う内、ああ今日は日曜日だと気付いたこともあるくらいだ。ある期間を過ぎると、きつい肉体労働、プライベートの無さ、睡眠時間の少なさが神経を高ぶらせるようになる。

ツェルマットのアルピンセンターを通じて申し込んできた今シーズン最初の客が小屋にやってきた。今年の商売の滑り出し。今晩の客は二十人だけなのに、満室のような感覚だ。小屋独特の活発な雰囲気に毎年まず慣れなければならない。だから初日から満室でないほうがいい。

一日の労働が終わって寒いキッチンに一人寂しく座る日々は終わった。山岳ガイドたちがキッチンに集まっている。もう何カ月も会っていないガイドもおり、話は山のようにある。大いに語り、大いに笑う。シーズン初めを祝って、ヴァリス州産の赤ワイン、ピノ・ノアールを皆にご馳走する。山小屋のことやマッターホルンについての話がひととおり出た後、山岳ガイドたちは好んで自分の手柄話を語り始める。

勘違いの理由

Irren ist menschlich

七月の末だった。ヘルンリ小屋はハイシーズン。ハイカーや登山者、山岳ガイド、百二十人ほどの客で賑わっていた。こんなに素晴らしい天気なのだから、当然のことだろう。山のコンディションも絶好だ。

夕食後、いつものように地元の山岳ガイドの何人かが、小さなキッチンバーに集まっている。ほかのガイドたちはまだ食堂の山岳ガイド専用テーブルにいる。客たちはもうベッドの中だ。体力を要するハードなマッターホルン登攀を数時間後に控えているのだから、睡眠をとらなければならない。一方、プロは一つの登攀が終わった後、二、三時間しか寝ない。夜遅くまで起きている。ほとんどのガイドは経験

頂上4478m
オーベレス・ダッハ（上屋根）
ウンテレス・ダッハ（下屋根）
フィックスザイル終了点
フィックスザイル開始点
オーベレー・ロータートゥルム（上部赤い塔）
アクセルグラート（アクセル稜）
シュルター（肩）
ウンテレー・ロータートゥルム（下部赤い塔）
オーベレ・モスレープラッテ
（上部モスレー岩棚）
ソルヴェイ小屋　4003m
ウンテレ・モスレープラッテ
（下部モスレー岩棚）
ゲビス（入歯）
ファウレスエック（もろい岩角）
アルテヒュッテ（昔の避難小屋）　3800m
ボールロッヒャー（ドリルの穴）
シュタインシュラーグ・クーロワール
（落石クーロワール）
エルヴェファード（黄土色の小道）
アイスロッホ（アイスホール）
第二クーロワール（第二コリドー）
第一クーロワール（第一コリドー）
アインシュティーグ（取付）
ヘルンリ小屋　3260m
シュヴァルツゼーからの道

前ページ：ヘルンリ稜は、マッターホルン登頂のノーマルルートで、ほとんどの登山者がこのルートを利用する。

◀クルト・ラウバーは、マッターホルン山麓にあるヘルンリ小屋を 1995 年から運営している。

▼ヘルンリ小屋は 100 年前にマッターホルンのヘルンリ稜の取付近くに建設された。現代に適応する山小屋として改装中で、初登頂から 150 周年に当たる記念の 2015 年にリニューアルオープンされる予定。

▲「雲の上には果てしない自由がある」という歌詞そのままの風景。ヘルンリ小屋から見た日の出。ツェルマットはまだ雲海の下に眠る。

▼前夜はかなりの雪が降ったが、朝６時にはまた穏やかな天気になった。

◀シーズン前には山小屋を冬眠から起こして設備を利用できる状態にし、食料品を運んで準備する。

◀氷河が後退していき、水の確保が大きな問題となっている。

◀悪天候の時は山小屋に静寂が訪れる。この標高で天気が悪くなると、夏でもほとんどの場合、雪が降る。

▶ヘルンリ小屋の下方にあるキャンプ場。ハイシーズンにはベースキャンプのような雰囲気になる。

シュヴァルツゼーのロープウェイ駅からヘルンリ小屋までの登りには約 2 時間かかる。

「固定ザイルをただ信じるより、自分で確認する方がよい」シーズン前には山頂から 200 m下にある固定ザイルをチェックし、必要なところを修理する。

ツェルマットの救助隊は毎年多くの遭難者を収容する。

山上での食事。文明社会から離れていても美味しい食事が待っている。

信仰の山。イタリア側マッターホルン頂上にある十字架が修理され、落成式が行われた。シェルパのアン・カミも参列。

ヘルンリ小屋を見下ろすように君臨するマッターホルン

昔はツェルマットからヘルンリ小屋まで食糧を苦労しながらラバで運んでいた。現在はヘリコプターを利用する。約 40 トンの食糧品が夏シーズン毎に、山小屋までヘリ搬送される。

HB-XII

大急ぎでリュックサックを詰め込み、誰よりも先に出発しようとする。ヘルンリ稜ルートの取付はしばしば混み合い、順番待ちの行列ができるからだ。

「夜に1日が始まる」登山者は日の出時間によって、3 時 30 分から 4 時 30 分の間に起こされる。皆が同時に朝食を取れるように用意する。

ヘッドランプを点けて登っていくパーティは
暗闇の中に光のチェーンを作る。

豊かなベテラン。夏の間に多ければ二十回ほどマッターホルンに登頂する。慣れているから次の登攀も特に緊張しない。

一番若いガイドは二十歳ぐらい、ベテランは六十から七十歳。すなわち世代の違う山岳ガイドがキッチンに集まり、それぞれの見解を述べ、ディスカッションが始まる。ルートのこと、マッターホルンのコンディション、客の登山能力、翌日ガイドする客についてなど、いろいろ活発な話がでる。なかでも、いつも繰り返し出てくるテーマは、山岳ガイドなしで登攀し、厄介な問題を起こす登山者のことだ。ほとんどの山岳ガイドがそういう登山者に迷惑を被った体験をしている。残念なことだ。七月のこの夜もガイドたちは盛んに話し合っていた。時間はすでに夜の九時半。私たちは明日の朝食の用意を始めた。その時、ツェルマット山岳ガイドのジアーニが席を立ち、ちょっと困ったような顔をして私のところにやってきた。

「ロニーがおかしい。一時間ほど前から激しい口論をしているが、酔っぱらったふりをしているようだ」と言う。ロニーと私は二十年以上の知り合いだ。やはりツェルマットの山岳ガイドで、六十歳、信頼できるまじめな人間だ。

「ふらふらしていて飲む時もグラスが口に当たらない。言っていることも全く意味が分からない」

「それは良くないな」と言って、私は食堂のガイド専用テーブルに急いだ。

ロニーの手の動き方やふらつく様子は確かにおかしい。どうしたんだろう。ロニーをもう少し観察するために、私はガイドたちの間に座った。どちらかというと普段は口数が少ない方なのに、いつもよりよくしゃべっている。しかし言っていることはつじつまが合わない。

「ロニーは今夜、何を飲んだんだ？」と、仲間のガイドに尋ねた。

「多分、ワインをグラスで一、二杯」

こんな状態のロニーを見たことがない。何かが普通ではない。もしかして軽い脳卒中？　他に考えようがない。しかし、ここはいろいろ推測して時間をかける所ではない。電話をとり、エアーツェルマットの緊急医にロニーの様子を説明した。

医者は「良くないようだね」とすぐ答えたが
「確実なことは、自分で診察してからでないと言えない」と話した。

エアーツェルマットの出動待機パイロットが、医者を小屋まで連れてくるだろう。

三十分後にはヘリが小屋のヘリポートに到着し、診察に時間がかかるだろうと、エンジンをいったん切った。すでに寝ている登山者たちをヘリの音で必要以上に心配させたくないこともある。医者が来てくれてほんとうにほっとした。アクセル医師を迎えた。ロニーはますます普通でなくなっている。医者が来るまでにロニーと会話してみたが、理解するのが困難になってきている。医者が来たと知らせると、必要ない、断ると言う。

「なぜだ？　自分は全く大丈夫なのに」

アクセルはそれでも診察したが、ロニーの不思議な行動の原因は分からない。やはり、多分、軽い脳卒中だろう、と言う。

「確実な診断を下すには病院に運ばなければならない」と、最終診断を出すが、ロニーは一向に承諾しない。

「そんなバカな。自分は健康だ。今夜はここに泊まり、明日、客をマッターホルンに案内する」

正しい判断ができる状態ではなかった。この小屋でロニーの普通でない行動の原因を今さぐることはできない。もう一度ロニーを説得する。

「ヘリで病院まで行くのが一番良い。根本的に全て調べてもらい、怖い病気の兆候でないことをはっきりさせよう」

ロニーは頭を振り同じ答えを繰り返す。

「客には僕からちゃんと説明するよ。大丈夫、分かってくれる。健康第一。安全性のことも考えなければ」

と言ったが、ロニーは考えを変えない。しかたなく、腕をとって無理やりヘリコプターへ連れて行こうとしたが、抵抗する。強制はできない。私の行動を見ていたアクセル医師が、

「それでは安定剤を打とう。そうすれば、問題なく連れて行ける」と、言った。

アクセル医師の言ったことが聞こえたはずのロニーだが、何も反応しない。分刻みで無気力になっていくようだ。注射器に安定剤を入れ、ロニーに近づいていったが何の反抗もしない。腕の袖をまくり上げてやった。注射をすると間もなく効果が現れた。眠ってしまったロニーを担架に乗せ、四人がかりでヘリまで運んで乗せた。ヘリは三十キロ離れたフィスプの病院まで飛んで行く。救急病院で今夜中に検査が行われるはずだ。

信頼している医師にガイド仲間を任せることができて、ほっとした。もし自分が可能な限りのことをせずに、夜中や翌くる日のマッターホルン登山中に何か起こり、ロニーの身に危険があったりしたら、

私は自分自身をきつく非難するだろう。

ロニーの客は、翌日の早朝に悪いニュースを知らされても落ち着いていた。長い間夢に見てきたマッターホルン登攀の日程を変更しなければならない。しかし、ロニーの健康の方が大切だ。自分自身の安全にも関係してくるのだから、登山者は当然のこととして、理解してくれた。

全ての山岳ガイドが客と共に小屋を去った後、ロニーの様子が知りたくてフィスプの病院に電話した。

しかし、担当医は
「ロニーは元気だ。あなたに連絡するように伝えておく」と言っただけで、親戚でもない私には詳細を教えてくれなかった。一時間もしないうちに、ロニーが本当に電話してきた。

「具合はどう？　検査の結果はどうだった？」

「大丈夫、元気だ」

そこで少し間をおいてから
「昨日のことはすまなかった。皆にすごく心配をかけてしまって、悪かった」

「当然のことをしただけだよ」と答えると、ロニーはばつが悪そうに続ける。

「ちょっと話しておかなければならないことがある」と話し始めた。

自分は山小屋ではたいてい寝つきが悪いので、ベッドに入る前に、効果は短時間しかないが強い睡眠薬をしばしば飲む。昨日の夜も飲んだ。この薬を飲むと、すぐ眠りに就けるので、翌くる日すっきりと起きることができる。飲んだ後、薬が効くまで約三十分あるが、その間にベッドに横にならなければならない。ところが、昨日の晩は口論から抜け出せず、気がついた時はもう時間が経ってしまい体がだるくて、ベッドまで行く力もなかった。

「だけど、ロニー。そんな状況なら、仲間の誰かに言ってくれたら、ちゃんとベッドまで運んでやったのに」と私は言ったが、そんな弱みは見せたくなかったので黙っていた、ということだった。

　私はほくそ笑みながら、どうしてその可能性を考えなかったのだろう、なぜ人はいつも最悪のことを考えてしまうのだろう、と思った。しかし、同時に言えることは、軽はずみな判断が致命的な事故をもたらすこともある。だから、自分のような楽天家でさえ、救急隊を呼び出すのは、遅すぎるより早すぎるほうが良いと思う。

「今日は十時ごろに退院して、昼からそちらの小屋へ向かい、明日、その客とマッターホルンを登攀する」と、ロニーは電話を切った。午後になって小屋に到着したロニーと顔を見合せたとき、二人とも笑ってしまった。今日は睡眠薬を飲まないよ、と約束していつもより早くベッドに入った。私も今日は早く眠りに就きたい。

夜に一日が始まる

Wir machen die Nacht zum Tag

目覚まし時計に起こされる。朝の三時、起床時間だ。部屋を回って登山者たちを起こさなければならない。自分の役割だ。毎年、夏中、この役を引き受ける。それには三つの正当な理由がある。一つは天候を観ること。まず朝一番に天気を見て、登山者たちを起こすべきかどうか、決めなければならない。天気は快方に向かうのか、それとも悪くなるのか。

二つ目の理由はスタッフの監督。小屋番の自分が進んで朝から働くことで、規則正しく、スムーズにスタッフも働く。

そして三つ目の理由は、小屋の秩序が守られているか、自分の目で確認すること。登山ルートの知識もないのに朝早すぎる時間に出発し、後に続く人に危険を及ぼす登山者をチェックする。秩序を守らないそんな登山者は、次回この小屋に来ても泊めてやらない。顔をちゃんと覚える。加えて、自分にとっては規則的に毎朝同じ時間に起きる方が、体が慣れて楽だ。

起床時間はいつも同じではない。七月の末までは午前三時半。八月は四時、九月になると四時半。日の出の時間に合わせるからだ。シーズンが終わりに近づくほど、日の出は遅くなる。朝食の用意をするために、私はいつも三十分早く起きる。コーヒーやお茶用のお湯を沸かし、パン、バター、チーズ、ジャムをテーブルの上に出す。しかし、その前に私の足はまだ真っ暗なテラスに向く。マッターホルンの天候状態を確かめる。天気が悪く、すぐには回復しないようで登山も無理だろうと思われる時は、山岳ガイドも客も、早く起こすことはない。ツェルマットの方を見ると、村は電気がいっぱい灯っている。空には星が見える。今日も素晴らしい天気になるようだ。そういう時はキッチンへ行き、ガス灯をつけ、ガスコンロの火をつける。

小屋に飲料水はない。雪解け水を集めているだけで、そのまま飲めるという保障はない。だから飲み水は沸騰させて使う。海抜ゼロメートルなら、水はセ氏百度で沸騰する。気圧が低いヘルンリ小屋では、九十度以下で沸騰する。料理をするときは、この点を頭に入れて調理しなければならない。まともに煮えるまで平地より時間がかかる。卵を四分茹でたい時、ここでは五分茹でることになる。お湯は八十七度以上にならないので、バクテリア等が確実に殺菌されるように、飲み水は長時間、沸騰させる。客が頂上で腹痛を起こしたりしたら大変だ。

今日は二人パーティーが七組、登攀を予定している。三時半ちょうどに電源のボタンを押した。二五年以上もこの上で電流を供給してくれている発電機が電源だ。小屋に電灯がつき次第、山岳ガイドたちが寝ている三階まで階段を駆け上がっていく。その後に登山者たちが寝ている部屋へ行き、灯りをつける。眠そうな顔をしながらも、皆ベッドから起きてくる。

再びキッチンにもどってコーヒーや紅茶をポットに入れ、パンと一緒に食堂のテーブルに配る。ヘルンリ小屋の登山者たちの朝食は忙しい。皆なるべく早く小屋を出発したいからだ。ヘルンリ稜の取付は小屋から二〇〇メートルの所にあり、わずか数分で着く。しかしそこは針の穴のように狭く、一度に一パーティーしか通れない。順番待ちで混雑することもしばしばだ。ということで、皆なるべく早く取付まで行きたいのだ。朝食は立ったままコーヒーを飲み、パンを一切れ食べて、さっと済ませる。朝食をとりながらすでにザイルを結ぶパーティーも多い。今日、登頂を目指す人たちはわずか十四人。それほどの慌ただしさはない。それでも独特の雰囲気が漂う。みな登攀用の身なりで、ザックはすぐ手にとれるように用意してある。期待と緊張にあふれているのが伝わってくる。

ほとんどの登山者たちはすでに一つか二つ、近くの山、例えばリッフェルホルン（二九二八メートル）やポルックス（四〇九一メートル）を登って訓練をすませており、高度にも順応している。出発前夜に、ガイドは登山者と翌日の登攀について話し合い、忘れ物がないか、要らないものを多く持っていないかなど、ザックに詰める内容もチェックする。

持っていく物のチェックリスト

ゴアテックスのジャケットとズボン
ウインドストッパーのプルオーバー
裏地のついている暖かい手袋
帽子
サンクリーム

登山靴に合う十二本爪アイゼン
ハーネス
ヘルメット
ヘッドランプ
1リットルの飲み物
行動食（ミューズリーやチョコレートなど）

通常は客を連れている山岳ガイドが最初に小屋を出発する。これは大変重要なことだ。ヘルンリ稜は単純ではなく、ただ登って行けば頂上に着くというルートではない。正しいルートからすぐに外れてしまう迷路と言うほうが合っているだろう。ルート通りに登って行く限り、岩壁はしっかりしていてつかみやすい。しかし、ルートから二一メートルも離れると、岩はもろくて危険だ。だからしっかりと道を知っている人の後について行くべきなのだ。暗黙の了解、不文律であり、経験の深いベテラン山岳ガイドに対する敬意というもの。山岳ガイドたちには専用の部屋とベッドがあり、登攀に関する定見を有する。加えて、朝一番に小屋を出発する権利がある。朝、小屋番に起こされた後、天気の怪しい時、その日の登攀を実行するかどうかの最終決定を下すのはガイドだ。決定はいつも全員一致。若いガイドはベテランガイドの決定に従う。経験の長いガイドの言うことは尊重される。今まではそうだった。将来もこの不文律が続くことを願う。もう何十年も続いているこの根拠のある不文律は、全てのアルピニストが従うべきことだ。ところが、この規則を守らない登山者がいつもいる。忠告に従わず、朝誰よりも早く起き、朝食も摂らず、ガイドなしで出発する。ヘルンリ稜に入るや否や、ルートを外れてしまい、もろい岩場で落石を起こし、後続のパーティーに危険を及ぼす。エゴイストそのものだ。

生きて帰ってくるのに重要なことは、ルートを熟知している山岳ガイドが先に登り、他のアルピニストは後に続くこと。その逆はあり得ない。

今朝の小屋の様子はいつも通りだった。起こしてから三十分後には、全ての登山者が出発していた。誰もいない小屋は静かだが、まあ、散らかっていること。泥棒に入られた後のようだ。慌てて登山靴と履きかえたのだろう。室内用スリッパがあちこちに散乱している。大急ぎで起き出した後の寝床は無茶苦茶だ。後でまた元のようにしよう。まず食堂に行ってテーブルの上を片づけ、汚れた食器を全て食器洗い機に入れ、二度目の朝食の用意を始める。それが済み次第、発電機の赤いボタンを押してスイッチを切る。朝五時過ぎ、山小屋は再び真っ暗になり、トイレへ行く人はヘッドライトが必要になる。

小屋に再び短い夜が訪れる。テラスに出てマッターホルンへ目を向けると、ヘッドライトの光だけが見える。光り輝く真珠の鎖のような灯りが、稜線を上へ上へと登っていく。一番早いパーティーはもうかなり上にいるが、最後のパーティーはまだヘルンリ小屋の近くにいる。この時間にまだ下の方にいるパーティーは、長い一日になるだろう。こんなところで時間がかかるようでは上部でも同じで、他のパーティーに追いつくことはできない。ルートは簡単ではないのだ。

ヘルンリ稜ルートの登頂は熟知しているガイドと行けば、天候状態にもよるが、登りに三時間から四時間半、下りに三時間から四時間かかる。すなわち今の時間にまだ後方にいるザイルパーティーは、下山途中に暗くなり、山のどこかでビバークする羽目になるだろう。天気がよければ何も問題ないが、急激に天候が変化したりすると、状況も劇的に変わる。

東の方をみると、夜の暗闇がだんだんと明るい空色に変わってきている。三十分後には日の出だ。また新しい一日が始まる。このひと時が、私は好きだ。今日はその後、二時間ベッドに戻ることにした。なんと気持ちよく、静かなのだろう。それに驚くほど暖かい。いろいろと思いを巡らせる。世界中に、ここより素晴らしいところがあるのだろうか。そのヘルンリの小屋番に、いつの日か自分がなるとは、夢にも思わなかった。長年、山岳ガイドとして客を連れて夏の間この小屋に来ていた。客たちもこの格別な場所を気にいっていたようだ。しかし、ヘルンリ小屋はほとんどのアルピニストにとって、マッターホルンを登頂するための通過点にすぎない。

小さな登山者

Erste Gehversuche

妻と私がヘルンリ小屋を引き継いだ一九九五年の夏、息子のケヴィンはまだ四歳だった。山小屋は岩の稜線上に建っていて、周りは落石の多い険しい岩壁に囲まれている。小さい子供には危険な場所が多く、ケヴィンは、まず外で安全に遊ぶことから学ばなければならなかった。しかしこれは意外に早く習得し、小屋への出入りを自由にさせても大丈夫になった。来た当初からこの山の上がお気に入りだった。ケヴィンは、日中は岩から岩へと何時間も飛び跳ねて遊び、おもちゃやテレビがなくとも、全然退屈していなかった。何もない所だから、かえって子供の創造力を高めたようで、石を集めて積み上げ、自分の空想の世界を作って遊んでいた。

山岳ガイドたちが、毎晩その日に山であったことを話すのを、興味津々に耳を傾けていた。子供は話をそのままのみ込んでいくようで、幼い息子をこんな環境に置いていいのかどうか、親として時に疑問に思っていた。ケヴィンは山岳ガイドたちに、マッターホルン山頂から石を持ってきてほしい、とくり返し頼んでいた。何をするのだろう、と不思議に思っていたが、数日後にその理由が分かったときは思わず笑ってしまった。昼食時に頂上の石をテーブルの上に並べ、値段を書いていたのだ。お店は大繁盛。日本人の多くは、こんな子供がどのようにして頂上から石を取って来たのか疑問に思っているようだった。私はケヴィンのお客様たちに本当に頂上の石であることを、説明しなければならなかった。

五歳になった頃、ケヴィンは私と一緒に頻繁に早起きしていた。登山者たちを起床させるためだ。ある日、山岳ガイドが客と山小屋から出発する時に、泣き始めた。

「パパ、僕はとっても悲しいよ。みんなマッターホルンに登るのに、僕だけ行けないなんて！」

この小さい男の子は、自分もマッターホルンに登ることができると信じているようで、親の私に、連れて行ってくれ、と言う。

「ケヴィンは、まだ五歳。マッターホルンは難しすぎるよ」と返事をしたが、その目的に向かって少しずつ練習していこうと約束した。

まずこの夏はアイスロッホまで行くことを目標にする。マッターホルン登頂全ルートの四分の一ぐらいの所だ。来年の夏には、三八〇〇メートルにあるアルテヒュッテまで登り、その次の夏にはさらに二百メートル上にあるソルヴェイ小屋まで行く計画だ。全てうまくいけば、八歳になる頃に頂上が見えてくるだろう。

毎年新しいステップを踏んで進んで行く、というのが私たち親子の計画だ。ケヴィンは私の提案を受け入れ、「じゃ、とても小さい靴に合うアイゼンが必要だね」と、言った。

次の日、山小屋にあるアイゼンの中から合うものを探してみたが、まったく無駄だった。頑張ってアイゼンを一番小さくしても、靴サイズ37ぐらいまでにしか調節できない。とても大きすぎてだめだ。その時、私が使い古して、お払い箱になっていたアイゼンを見つけた。岩場の多いマッターホルンを何度も登り、擦り減った爪は、二センチあったものが、一センチになっていた。それは、小さく軽い子供にとって理想的な長さだ。アイゼンを鉄ノコで二つに切り、長さを調整してブリッジにドリルで穴を開け、ステンレスのネジで留めた。

こうしてアイゼンが完成した。ケヴィンは誇らしげにすぐに自分の登山靴にアイゼンを装着しようとしたが、まだ一人ではできなかった。しかしそのうちできるようになる。アイゼンを着けた靴でキッチンをケヴィンは夢中になって歩きまわった後、食堂のタイルの上を歩き始めた。もちろん強烈にうるさい音が立ち、客たちは呆れ顔で見ていた。

「小屋の外の岩場に行って登っておいで」と諭《さと》した。多分それが最良のトレーニングになったようで、岩の上をアイゼンで歩くことを遊びながら習得した。

二日後の九時頃、ケヴィンとマッターホルンの取付へ向かって歩き始めた。ヘルンリ稜の一部を一緒に登攀するつもりだ。しかし、あまり遠くまではいけない。もし緊急の呼び出しがあれば、十五分内に出動の準備が完了しなければならないからだ。念のためレスキュー用の装備を持って行き、取付の大きな岩の下に隠しておいた。たくさんの登山者が通るので、盗まれる可能性がないとは限らない。

ケヴィンとザイルを結び、よじ登り始めた。小さいステップでも子供にとっては大きく困難な段差となる。そのためにルートを少し外れて、登りやすくなるように努めた。その他の点では問題なく順調に進み、高度を上げていった。よくやった。素晴らしい登攀だった。しかし、二十分後には、「さあ、戻らなければならない。緊急電話が入ってきたら、時間内に下に降りることができなくなってしまうからね」と伝えた。

もっと登りたかったようだが、そういう約束で来たのだ。そして懸念した通り、リュックサックの中の無線機が鳴った。「エアーツェルマットに緊急電話が入った。マッターホルンで滑落者が出た」と、出動センターからの知らせだった。

私たちは素早く下っていった。ケヴィンが先に下り、何かあっても常に私が上からザイルで確保できるようにした。取付まで下りてきた時、ヘリコプターが小屋に到着する音を聞いた。医者が医療器具と一緒に降りて、小屋で待機する。山から救出してヘリで飛んでくる患者をまずここで診察するのだ。

ケヴィンと結んでいるザイルを外し、別れを告げる。もうここから一人で小屋まで帰れる。隠しておいたレスキュー用の装備を取り出し、きっちりと時間内に準備ができた。無線でパイロットに、「取付にいるので、そこでピックアップをしてくれ」と、連絡した。

天国から地獄へ

Im Himmel die Hölle

マッターホルンの「肩」の下、標高約四二〇〇メートルのウンテレーロータートゥルムと呼ばれる所で四人の登山者が滑落した。

事故が起きた時の鉄則は、場所の確認と怪我の有無に関わらず、遭難者が二次災害に遭わないように保護して安全を確保することだ。

パイロットのゲロルドと私は、ヘリコプターで一〇〇〇メートル上昇し、現場に三分で到着した。まず周りの様子を注意深く観察し、さらなる落石や滑落を引き起こす危険性がないかどうか点検する。遭難場所の百メートルほど上に十二人の登山者が見え、行動次第で我々に危険を及ぼす落石を起こすかもしれないと確認した。

人命を救助したり、危険に陥《おちい》っている人の安全確保が成功したとき、救助者は生き甲斐を感じ満足感を得る。しかしその反対に、嫌だが遂行しなければならない任務もある。例えば、遺体収容だ。別項でも記したが、亡くなった人間を運ぶことほど、救助者にとってきつい仕事はない。一〇〇〇メートルも滑落し醜く打ち砕かれた状態の人間を見るのは、いつまでたっても慣れるものではない。それでも誰かがその仕事をしなければならないのだ。

長く山で救助活動にたずさわり、悲惨な状態の遺体を数多く見てきたが、一九九六年の夏の出来事に対しては、そんな経験も役立たずであった。なんと一面血まみれで、身体の一部があちこちに飛び散っていて、まるで爆弾に当たったようだった。それも多くの登山者が通るヘルンリ稜のルート上で起こった。事故現場の三十メートルほど下に二十五人の登山者をヘリコプターから確認する。彼らは何も知らずに恐ろしい状態の事故現場に向かって進んでいる。ガイドなしで登山している人たちだ。山岳ガイドが同行している客たちはすでに登頂して下山を開始している頃であり、この現場に到着するのはもっと後になる。

救助を必要としている二人の登山者をヘリから発見した。そう言えば、四人が滑落したという通報だった。ということは、そのうちの二人は生き残ったのだ。二人は現場から二十メートルほど下で確保をしたまま救助を要請するサインを出している。ヘリから観察したが、ひどい怪我はしていないようだ。先に遺体のある上部の事故現場に行くことにした。

ゲロルドは私をウインチでその場から約二十メートル北にある鉄ピンの箇所へ下した。垂直に切り立っている壁の横で落石の危険の少ないところだ。私はフックを外して、「ヘリ、フリー」と、叫んだ。ゲロルドはヘリを上昇させ、山小屋に戻って行った。私は自分をザイルで鉄ピンに確保して事故現場に近づいていく。

下から登ってくる登山者たちが来る前に、事故現場を少しはましな状態に片付けたい。こんな悲惨な場は誰にも見せたくない。見る必要もない。ヘリから見た状態は、近くに来ると、もっと凄《すさ》まじく、おぞましかった。人間の身体の部分があちこちに散乱している。腕、肢体の一部、胴体、脳、内臓。とにかく恐ろしい状況だ！

今回の犠牲者は、これまで自分が見てきた数百メートル滑落して亡くなった痛ましい遺体どころではなかった。二人のザイルパーティーは突然の落石に襲われ、大きな岩塊に押し潰《つぶ》されてしまったのだ。言ってみれば、落石の滝壺の真っただ中に座っていたようなもので、逃れる可能性は全くなかった。滑落したのはわずか十メートル、落石に当たらなかったら大した怪我ではなかっただろう。しかし今はそんなことを考えているところでもないし、時間もない。ましてや自分もまだ落石に遭いそうな危険な場所にいる。もし落石が起こったら、即座に鉄ピンの場所まで逃げよう。さあ、次の登山者が到着する前にルートを片付けて、この悲惨な現場を目撃しなくてもいいようにしなければ。

ヘリからプラスチック製の遺体収容袋を二枚持って来ていた。何も考えずに機械的に行動し、バラバラになった身体の部分を袋に詰め込み、二つの胴体を隠すようにその収容袋を上に置く。それから二十メートル下で待っている怪我人の場所へ懸垂下降していった。到着すると全ての状況が一目で分かった。二人は英国人で、同じように落石に襲われて五メートルから十メートルほど滑落したが、運命は二人に味方し、幸いにも最悪の事態にはならなかった。

「私は二十年来、司祭をしている。しかし今日初めて、祈ることの本当の意味を理解した」と、一人が声を震わせて言った。ひどい打撲と小さな擦り傷があるが、ほかは大丈夫のようだ。祈りを捧げたことが、ほんとうに役立ったのかもしれない。

状況をゲロルドに無線で伝えた。大した怪我ではなかったので、救助用の担架には載せず、ハーネスを直接ヘリのウインチにかけた。この危険地帯から二人の生存者をなるべく早く離れさせるためだ。怪我人を一人ずつゆっくりとヘリの機内に引き上げ、ヘルンリ小屋に運ぶ。

その間に二機目のヘリが警官を乗せて事故現場に到着した。山で死亡事故があった場合、警察が事故の原因を明らかにし、目撃者に事情聴取することが法律で決められている。警察官はヘリからまだ二人の遺体が置かれている事故現場の写真を撮り、ヘルンリ小屋へ戻っていった。

落石の危険性のあるところから自分も早く逃れるために、ザイルを使って二十メートル上方の正規ルートに戻った。残りの亡骸《なきがら》を片付ける前に、登山パーティーをいくつか通らせた。ほとんどの登山者は先ほどの凄まじい事故には気づいていないようだ。おそらく少し前に山からヘリで救助された怪我人の血だと思っているのだろう。幸運にも登山者が通過する前にバラバラになった身体の一部は袋に入れ、二人の胴体を隠すことができた。さもなければ、この光景を見てパニック状態に陥り、その後に続く危険な場所を登るのに、悪い結果を及ぼしていたかもしれない。

「二人の怪我人の具合はどうだ?」と、無線でゲロルドに尋ねる。

「まずまずの調子だ。でも詳しい診察を受けるために、これからフィスプの病院までヘリで運ぶ」。しかし、他のもっと大きなEC135ヘリコプターで運ぶので、ゲロルドのヘリは残り、いつでも出動できる態勢であるという。

「遺体収容袋を運搬するヘリ用のネットが必要だ。十分後に迎えに来てくれ。それまでに収容作業は終わっているはずだ」

数分後、ゲロルドは飛んできた。ネットはダブルフックの太いロープについてぶら下がっている。ヘリが私の真上にいる時にネットのフックを外す。遺体収容袋をネットに入れ終わるまでゲロルドは上空を旋回している。三分後に無線で、「オッケー、戻ってきてくれ」と、伝える。

まずネットをダブルフックに固定し、それからロープに自分を取り付ける。

「ゆっくりと上昇開始」

私は岩壁から引き上げられ、二人の登山者の亡骸が入っているネットが数メートル下に続く。山小屋まで宙に浮かんで一緒に飛行する。亡くなった登山者たちが好きだった山の最後のフライトに同行したのだ。

小屋には二名の警官が事情聴取のために待機していた。すでに病院に運ばれていた英国籍の二人の怪我人は、亡くなった二人の身元について何も知らなかった。二つのパーティーは全く知らない他人で、落石が起こったときにタイミング悪く、偶然、同じ場所に居合わせただけだった。ということで亡骸の身元はまだ分からなかった。小屋ではこんな時のために、登山の前夜に登山者たちから身分証明書を提出してもらう。事故が起こった場合、通常は行方不明者として警察に通報されるか、二つのパスポートが山小屋に残るか、のどちらかだ。しかし本日の登山者たちはまだ皆戻ってきていないので、二人の身元確認はできない。未確認の状態で遺体を村の葬儀屋まで運ぶ。まだ登山中で山小屋に戻っていない者の中に目撃者がいるかもしれない。その場合は事故状況を説明してもらうために、ツェルマットの警察に行くよう指示することを、警官と約束した。

人は山で命を落とすことがある。これまでにも何人も亡くなっているし、将来も完全に防止することはできない。悲しいことだが、変えることはできない事実だ。私はいつまでたってもその状況を当然のこととして受け取ることはできないだろう。しかし、時がたつにつれて認識してきたのは、百パーセントの安全は存在しないこと、そして、死というのは生と同じように人生に属するものだということ。レスキューの出動で数百という死亡事故に立ち会ってきたが、いつも「どうして」という問いが出てくる。どんな間違いがあったのか、誰の責任なのか……。個人的には私は偶然を信じないし、誰も罪を犯していないと思う。登山者は、自らの命を危険な状況に陥れるような自殺者ではない。幸運と不運は前世から決められていて、そのような出来事を生き抜けるかどうかも決まっていると私は信じている。運命で決まっていることであり、私たちがそれに影響を及ぼすことはできない。

このような惨事があっても、山小屋での日常生活はすぐ元に戻る。夏には平均して、マッターホルンだけでも四十回ぐらいのレスキュー出動があり、その三分の一は死亡事故に繋がる。山小屋のスタッフ同士は遭難についてあまり話さない、という暗黙の了解がある。しかし、死について語ることは禁句ではなく、まさにその反対で人生とは切り離せないテーマである。特にこの山の上では身近な問題であり、悲しみを分かちあえばつらさは半分になる。時間がたつにつれ、ヘルンリ小屋の従業員たちもレスキュー隊員のように、事故から心理的に距離をおくことができるようになる。

幼いケヴィンもたくさんの経験をしている。レスキューが出動して、悲しい結果になったときには、もちろん少しショックを受けていた。しかし、早い段階で良い事と悪い事を心の中で切り離すことができるようになっていた。この悲しい出動から戻ってきたとき、私はケヴィンと、じきに三七〇〇メートルまでの登攀に挑戦しようと約束した。時間は短かったが、初めてのトレーニングをとても気に入っていた。やっとまた計画が立ち上がり、次の目標が決まった。

小さな足の大きな一歩

Kurze Beine auf langer Tour

そうこうするうちにケヴィンは七歳になり、岩と氷の上をしっかりとした足取りで自然にクライミングできるようになった。体力の消耗をなるべく少なくして登攀していく基本条件は、規則正しいテンポで進み、徐々に高度に慣らしていくことだ。二つの四〇〇〇メートル峰、ツェルマットのブライトホルン（四一六四メートル）とサースフェーのアラリンホルン（四〇二七メートル）を私と一緒に登り、ケヴィンは、その術《すべ》をすでに習得していた。

来年マッターホルンに登頂しようという私たちの計画は、予定より早めに進んでいた。今年の目標だったソルヴェイ小屋を、昨年ケヴィンは難なく達成している。マッターホルンが子供でも簡単に登れる山だという意味ではない。ケヴィンは毎夏二、三カ月はヘルンリ小屋で過ごし、子供のころから山の環境に、すっかり順応している。平地で育った子供にマッターホルン登攀を勧めることなど、とてもできない。今年もう一度ソルヴェイ小屋まで登り、予定より一年早いが、その時の気分や状況によって先に進むことにしないか、とケヴィンに提案した。そこから先に進むかどうかはケヴィンが自分で判断する。高所恐怖症のシェルパを無理やり引っ張り上げたことはあるが、子供にそんなことをしてはいけない。

避難小屋（ソルヴェイ小屋）は頂上までのルートの半分の位置にある。絶対に忘れてはならない鉄則をもう一度、言い聞かせた。

「ケヴィン、これだけは忘れるな―避難小屋まで行っても全行程の四分の一、頂上は二分の一、まだ下まで降りていくのに、その倍の体力が必要だということを」

翌日の夜明け前に、客を連れた山岳ガイドたちと一緒に出発した。私はケヴィンとザイルで繋いで小屋を出発し、取付に向かった。ゆっくり組なので、他の人たちに先に行ってもらった。山のコンディションはあまり良くなく、登山者は少なかった。ヘルンリ稜には、良い状態の時より雪と氷が多く、それから数時間先の天気予報も芳しくなかった。私は全ての情報を確認しており、必要時にはすぐ引き返す心の準備ができていた。

登り始めてから、ルート上の大事な場所の名前を復習するようにケヴィンに言った。山の中での方向確認は難しい。そのために百年前から地元の山岳ガイドたちはルート上の要所要所に名前をつけていった。この名前は山岳ガイドしか使わない。どこにどういう名前がついているか、ルートを熟知していないと分からないからだ。

息子はこうして自然にルートを覚えていった。私たちは第一クーロワール、第二クーロワールと通過していき、ケヴィンはそれぞれのポイントにつけられた名前を呼び上げていった。

「アイスロッホ（アイスホール）、エルヴェファード（黄土色の小道）、シュタインシュラーグ・クーロワール（落石クーロワール）、エーゼルトリッテ（ロバの足台）、ボールロッヒャー（ドリルの穴）、アルテヒュッテ（昔の小屋）、ファウレスエック（もろい岩角）、ゲビス（入歯）、ウンテレ・モスレープラッテ。そうこうするうちソルヴェイ小屋に到着していた。

岩が凍っていたので早い段階でアイゼンを装着したが、順調に進んでいった。もちろんアイゼンなしで乾いている岩を登るより、凍っている岩をアイゼンで登る方がきつい。しかし良いトレーニングになった。さあ、ソルヴェイ小屋という目標に辿り着いた。ケヴィンは頂上まで行く気になっているのだろうか？

「ケヴィン、どうする？」

ケヴィンがどのように状況判断するか興味深かった。自分の身体のことだけでなく、全体の状況をどう判断するかだ。天候、山の状態、体調、どこに注目するのだろう？

「僕は大丈夫、調子いいよ。頂上にはとても行きたいけれど、お天気がそんなに良くないからこれ以上登ってもあんまり楽しくない。パノラマの景色も見えないし、どっちみちいつも山にいるからまたほかの日に来ようよ」

全く正しい判断だった。そしてもう一つの理由にも納得した。実はケヴィンの母親レベッカに、三人で一緒に登ろうと約束していたのだ。二人ともその約束も守りたい。

「戻る方がいいね。おまけに雪が降り始めてきたよ」

私たちより先を進んでいた登山者たちも今日中に頂上に辿り着けるかどうか？

下山時にはルートの知識をさらに深めることができた。順序は上りと逆だ。ウンテレ・モスレープラッテ、ゲビス、ファウレスエック……。
ポイントの名前を復習しながら下っていき、ヘルンリ小屋に戻ってきた。山頂まで行かなかったが、息子と私にとっては一生心に残る素敵な経験だった。結局、このシーズンにもう一度登頂を試みることはなかった。

一年が経ち、家族三人で登攀する日が近づいてきた。レベッカは十年前にマッターホルンを初めて登頂している。私と一緒だった。八歳の息子と一緒に登頂する日が来るとは、夢にも思っていなかっただろう。

準備は整い、理想的な状況を待つだけだった。そしてついに八月十三日がその日となった。天気予報は最高、登山者もさほど多くない。めったにない好条件に恵まれた。

ヘルンリ小屋もあまり客がいなくて静かだったので、スタッフに仕事を任せて家族で登山に出かけてもそんなに申し訳ない気持ちはなかった。山の状況はいつもより雪と氷が多く最良とはいえない。その代わりに、ルート上に登山者が少ないという利点があった。八歳の子供が初めて登頂するというのに、数百人の登山者でルートが混み合っていたら理想にはほど遠い。山のコンディションが悪い方がまだなんとかなる。

ゆっくりと登山したいので、足の早いパーティーには先に行ってもらった。ケヴィンにとって一番大切なことは、出だしから均一な登攀リズムに慣れ、体力の消耗を最小限に抑えていくことだ。数時間がかりの登山ではきっと採算が取れるだろう。

標高三七〇〇メートルのボールロッヒャーでいったん止まり、アイゼンを装着しなければならなかった。通常アイゼンが必要になるのは四二〇〇メートルのシュルター（肩）だが、前述のようにいつもより雪と氷が多かった。しかしケヴィンとレベッカには問題ないことだ。アイゼンを着けて登るのに慣れている。

二時間半後、お馴染みのソルヴェイ小屋に到着した。ここで小さな休憩を取り、行動食を食べて力をつけた。レベッカはケヴィンがとても上手に登攀しているのに驚いていた。息切れも疲れもないようだ。そこからは新天地ということで、モチベーションも高い。

せっかく温かく血流の良くなった筋肉が冷めてしまわないように、休憩は短時間で切り上げて先へ進んだ。そうしないとまたウォームアップに体力を使う。それは何としても避けたい。オーベレ・モスレープラッテ、ウンテレー・ロータートゥルムを通り、シュルターのところでもう一度小休憩をとった。一〇〇〇メートル弱を登り、標高が高くなった分だけ寒くなっていた。ジャケットと帽子と暖かい裏地がついているグローブを着用した。ケヴィンは幸福感いっぱいで、だんだん近づいてくる頂上を見上げていた。レベッカの方は今まで何の問題もなく、もうすぐ無事に山頂に到着するということに安堵感を覚えているようだった。小さな息子とマッターホルンに登るというのは、冒険いっぱいの家族旅行だ。それでも素晴らしいパノラマを鑑賞し、思い出の写真を何枚か撮った。さらに登り、アクセルグラート、オーベレー・ロータートゥルム、そして固定ザイルの始点に到着した。

「ここからルートの一番きついパートが始まる」と二人に伝えた。

固定ザイルは約百五十メートルあり、百メートルの標高差を克服する大きな助けとなる。

「ザイルはバランスをとる補助に使うだけだ。階段の手すりを使うようにね」

絶対に腕力で体を上に引っ張り上げてはならない。重い体を持ち上げるのは脚の筋肉。脚は腕より力持ちだ。多くの登山者はそれを勘違いして、体力を消耗する。この標高で失った体力を取り戻すのは難しい。

固定ザイルについている名前はまだ二人とも知らない。

「初めはレッツェンザイル、その後にクロイツザッツ、ケッテンザッツと続く」

さらにもう二つ短い固定ザイルを克服すると、前方に残るのはウンテレスダッハとオーベレスダッハだけだ。長く待ち焦がれていたゴールに辿り着くまで、あと二十分。下山中の山岳ガイドたちとすれ違うと、もうすぐ登頂するケヴィンへお祝いの言葉をかけてくれる。客の多くは年若い男の子をこんな高所で見て驚いている。特に息子はとても元気で、客とは違って疲れた様子もない。

山頂に近づき、ちょうど山小屋から出発して五時間後に頂上に到着した。私はレベッカとケヴィンとしっかり抱き合った。感動のあまり涙が出そうだった。私たち三人はおそらく世界で一番綺麗な山の上に立っている。天気は素晴らしく、遠くまで見渡せる。お決まりの山頂での写真を撮り、岩の上に座り、この最高の時間をじっくりと味わった。ケヴィンもレベッカもよく頑張った。

「ケヴィン、今なら頂上の石を自分で持って帰って、お店で売ることができるね」と、話しかけてみたが、聞こえなかったようだ。自分が実際にマッターホルンの頂上にいるという事実で頭がいっぱいなのだろう。夢はついに叶ったのだ。

しばらく時間が経って、この素晴らしい場所からまた下へと戻る時間となった。

「今から、上りと同じくらいきつくて長く難しい下りが待っているよ」

私たちは下り始めた。今度はレベッカが先に行き、ケヴィンを真ん中にして、私が最後の順だ。必要な時に二人を上から確保するためだ。ソルヴェイ小屋ではまた小さな休憩を取り、ジャケットと帽子と手袋を脱いだ。その間にまだ上ってきている登山者に出会った。ケヴィンでさえ驚いていた。

「あの人たち、今まで何をやっていたんだろう。遅すぎるよね。今日中にヘルンリ小屋まで帰るなんて、絶対に無理だよ」

八歳の子供が正しくないと認識していることを、大人が分かっていない。この人たちはいったい何を学んできたのだろう。

ボールロッヒャーの後、やっと乾いた岩になり、アイゼンを外した。下りには思っていたより時間がかかった。ケヴィンは若いだけでなく、体もまだ小さかったので、大きな段差を跨いで下りるわけにはいかない。彼なりのテクニックを使って一段一段おしりをつき、足を下の段につくように伸ばして下りていく。もちろん体力を消耗させ時間もかかるが、そんなことは問題ではない。

「ゆっくり時間をかけて下りればいいよ」

十六時頃にヘルンリ小屋に帰って来た。ケヴィンを見ると、やはり一日きつかったことがうかがえる。マッターホルン登頂をやり遂げて最高に嬉しそうだが、小屋に戻って来ることができてほっとしているようだ。スタッフたちは心から歓迎して、ケヴィンの功績を称えた。マッターホルンを登頂した最年少者なのだ！

ツェルマットの地元民はマッターホルンのことを「ホォール」と呼ぶ。私が初めてこの「ホォール」に登ったのは二十歳の時。息子は私の記録を十年以上打ち負かしてしまった。家族揃っての並外れた冒険旅行が成功し、その感動が嬉しくてたまらなかった。特にケヴィンが登れたことが嬉しい！　この日の出来事は良い思い出として、きっといつまでも忘れられないだろう。

努力なくして栄冠なし

Ohne Fleiss kein Preis

マッターホルン登攀を目指しているほとんどの登山客は、かなり前から計画を立て目的に向かってトレーニングを積んできている。しかし、残念ながら「ほとんど」であって、皆ではない。

山岳ガイドは最終的にツアーの全責任を負う。客の準備が不十分で、登攀が順調に進まないとき、ガイドはツアーを途中で中止する。安全を保障できないためだ。しかし、準備不足だけが登頂を果たせない唯一の理由ではない。ヘルンリ稜ルートを侮《あなど》っている人や、自分を過大評価している人もよくいる。このルートは技術的にはさほど難しくないが、長時間緊張が続いて消耗が激しいので、体力のあることが重要な基本条件となる。加えて、ロッククライミングができることも必要条件だ。それも時にはアイゼンを着けたまま岩登りをするので、体力がいる。どのようにしたらあまりエネルギーを使わずに登れるのか？　手の使い方、足の動かし方、一挙一動をきちんと考慮して登っていくことだ。私はすでに三百五十回以上、客とマッターホルンに登っているが、ツアー終了後に、皆が口を揃えて「もう少し短くて簡単な登山だと思っていた」と言う。

　私たちガイドがマッターホルンの頂上に客を案内するとき、その仕事が容易なものになるか、困難なものになるか、客によって大きな違いが出てくる。ヨーロッパ人、アメリカ人、アジア人という人種間にも典型的な差がある。励ましてやらなければならない人がいれば、意欲が有り過ぎる人もいる。自分を過大評価する人がいれば、十分な体力があるのに自信を持てない人もいる。あまりトレーニングをしていなくとも、山岳ガイドと一緒に行けば登れるだろう、と思っている人も多い。全くの間違いだ。トレーニングを積みスタミナをつけておかなければ、成功はない。登頂できなかった客のなかには、その自分の誤りを認めようとせず、失敗の理由を他に求める。山の状況や装備、山岳ガイドや山小屋の食事のせいにする。だから山岳ガイドは、当然よくトレーニングに励んで鍛えられた客がつくことを望む。持久力がなく山に慣れていない客は危険だ。いつなんどき間違いを起こし、急に足を滑らせてザイルにぶら下がるか、わからない。一瞬たりとも気が許せないのだ。山岳ガイドは、七、八時間もの間、百パーセントの集中力を要求され、体力の消耗が激しくかなり疲れる。

　自分の力で頂上まで行けなくとも、山岳ガイドが引っ張り上げてくれる、という奇妙な噂が、残念ながら広まっている。

　しかし、山を騙すことはできない。山は本当に能力のある者と、ただ装っているだけの者を見分ける。登頂に成功する人はそれだけのものを得ていく。しかし不成功に終わる人は言い訳をして自分を正当化する。

　私は今までに一度だけ、無理をして客を頂上まで引っ張り上げたことがある。しかしその後は、共感や同情の気持ちがあっても、二度とやっていない。登頂したいという登山者の夢を、何がなんでも山岳ガイドが叶えてやる必要はない。特に、充分な準備をして来なかった登山者には不必要だ。これについては次で話そう。

フリードリッヒ

Das Gegenteil von gut ist gut gemeint

一九八六年の夏だった。私は一年前から山岳ガイドとして経験を積み、すでに客を六十回マッターホルンに案内していた。

ヘルンリ小屋で軽い昼寝から目覚めて、翌日マッターホルンに案内する客に会う用意をした。ツェルマットのアルピンセンターが予約を取り、私に仲介してくれた客だ。ドイツ人でフリードリッヒという名前の他は何も知らない。客はツェルマットからロープウェイでシュヴァルツゼーまで上り、そこから歩いて小屋まで登って来る。いつも客と会う前にはいろいろと想像するが、他の山岳ガイドも同じようだと聞いた。きちんとトレーニングを積んで高所順応をしてきただろうか。ロッククライミングの経験はあるだろうか。若い人だろうか年配の人だろうか。

フリードリッヒは山岳ガイドの顧客用の席に座って、私を待っていた。挨拶の後、静かな席に場所を移し、翌日のことについて話した。客はツェルマットにもう二週間前から滞在し、あちこち歩いてトレーニングに励み、高度にも慣れているようだった。しかしロッククライミングはほとんどしたことがなく、若くはない。きちんと年齢を訊くことにした。

「七十五歳になる」と言った。それにしては若く見える。「七十五歳でマッターホルンを登るのが長年の夢だった」

今でもそうだが、私は年配の客に対して偏見は持たない。これまでの経験から、年配の人たちの方が若い人より体調が安定していて忍耐力もあると知っているからだ。それにしても、この長い登山を遂行するには七十五歳というのは結構な高齢である。その年齢で登攀を試みる人はほんとに少ない。実際、数多くの登山を経験してきた熟練者たちならまだ可能性がある。

しかし、フリードリッヒにはあまり登攀の経験がないと、はっきり分かった。山岳ガイド協会は申し込みにきたときに、どうして思い留まるように助言しなかったのだろう。後になって分かったことだが、フリードリッヒは申し込みを全て電話で済ませ、アルピンセンターには現れなかったそうだ。加えて、年は五十五歳、四〇〇〇メートル峰をいくつか登攀済み、と嘘の報告をしていた。おそらく本当のことを言うと、ガイド協会がマッターホルン登攀を禁止すると危惧したのだろう。

フリードリッヒは感じのよい人で楽しく会話がはずんだ。私の父と同じくらいの年齢だが、必ず頂上まで行けると強く信じていた。しかし、私の方は、明日の登山が容易なものではないだろうと覚悟をしていた。登攀が成功する可能性は大きくない。心配が当たっているのかどうか、登攀が始まればすぐ分かる。

翌日は、登山開始早々からフリードリッヒに大きなストレスを与えるとまずいので、私たちは行列の後の方に並ぶことにした。山岳ガイドとして私の年齢と経験から前の方に並べるのだが、その位置を他のガイドたちに譲った。ちょうどハイシーズンで、百人ほどの山岳ガイドや登山者が同時に進んでいく。取付はいつもの通り大渋滞。それでも十分ぐらいで登っていくことができた。私はゆっくりだが体力の消耗が少ない規則的なテンポで確実に前進して行った。

しかしながら、フリードリッヒはこのテンポを保てない。岩壁の足場がよく見えないらしく、大幅な足取りで登ってくる。明らかに岩登りの経験のない証拠だ。それではすぐに疲れてしまう。私はさらにゆっくり登った。それでも私の客はすぐ限界に行き当たる。後続の山岳ガイドと客たちが自分たちを次々と追い越して行く。周りが明るくなった頃、ようやく少しはテンポ良く動けるようになり、体力の消耗も少なくなった。ソルヴェイ小屋の下辺りで、少し休憩した。この機会にモチベーションを上げようと話しかける。

「フリードリッヒ、ここが頑張りどころだ。私のすることをよく見て、その通りにするんだ。でないと頂上まで行けないぞ」

フリードリッヒが真顔で頷いたので、私はたたみかける。

「ぎりぎり体力が限界になるまで登っていったら、下山できなくなる。下りるのも、上るのと同じぐらい厳しいんだ」

もうすぐソルヴェイ小屋に着くからそこで先に進むかどうか決めよう、という私の提案に対し、相手は渋い顔をして言う。

「私の目的はただ一つ、頂上だ」

この老人の夢を私だって叶えてやりたい。だが、ここは誤った幻想に浸る場ではない。

「山では自然の掟に従う。個人の希望的観測には添えない」

それが現実なのだ。実際これ以上、登れば登るほど帰途が心配になり、私の責任もそれだけ重くなる。

しかし、私の言葉がモチベーションになったのか、急にうまく進めるようになり、ソルヴェイ小屋に到着した。時間的には大分遅れているが、とにかくここまで登ってきた。通常、ソルヴェイ小屋までの登りに、全体の四分の一を費やす。平均二時間で到着するのを三時間もかかっている。

この調子で行くと全行程に十二時間かかることになり、ヘルンリ小屋に戻るのは午後四時ごろになってしまう。

「それも、最低でも今の速度を保つという前提での話だ。もし途中で体力が衰えてきたりしたら、大きな問題になる。時間的な余裕は全くない」と説明した。

フリードリッヒは私の心配を理解しながらも
「大丈夫だ。速度は保てると思う。二時間前より今の方がずっと体の調子が良い」と、自信を持って言う。

さて、どうしたものか？　こういう状況下では普通ここから引き返すのが建て前だ。しかし、頂上へ行きたいというフリードリッヒの夢を叶えるために、できる限りのことをしてあげたいと心から思い、そういう自分の心情に従って前進することにした。きちんと規則的な足取りで後をついてきて、高度を上げていく。四二〇〇メートルの「肩」のところで再び休憩し、アイゼンを取り出した。

固定ザイルの所まで来ると、すでに登頂して下山してくる最初の山岳ガイドたちと行き合った。その内の一人、リヒャルト伯父は「えっ、これから頂上まで登る気か？」と尋ねた。

「そのつもりだよ。私の客はゆっくりだが、規則正しいテンポで登っている。天気も大丈夫なようだし」

「気をつけていけよ。引き返す方が良いと思ったら、すぐ実行しろ」

伯父には忠告を守ると約束して別れた。フリードリッヒと私はさらに登っていき、二時間後にはほんとうにマッターホルンの頂上に到達した。よくやったと祝いの言葉で称えてやった。実際彼のような高齢では当たり前ではない出来事だ。喜びの涙が目に浮かんでいた。私も一緒に喜んだが、これからの下山のことが頭に浮かんで少し憂鬱ではあった。

記念写真を数枚撮り、栄養をつけるものを食べた後、下山を始めた。登ってきたのと同じぐらいのゆっくりとした速度で下りていく。オーベレス・ダッハからウンテレス・ダッハ、固定ザイルを下り、オーベレー・ロータートゥルムを越えて「肩」まで来て、アイゼンを外した。二時半には再びソルヴェイ小屋に着いた。フリードリッヒは体力を消耗し、疲れている様子だ。しかし、「大丈夫だ」と言う。

さらに下っていったが、今度は別の問題に煩わされるようになった。落石が激しくなってきたのだ。速度が遅かったので、山岳ガイドなしで行列の後の方をついて登っていた登山者たちがまだ上部を登っており、私たちはその直下にいることになった。ルートを知らない登山者たちは安全な道から外れて、もろい岩を踏み落石を起こす。その落石が私たちを襲ってくる。

それは第二クーロワールに来た時だった。大きな石がいくつかこちらに向かって落ちてきた。私は素早く横に逸れ、上を見た。瞬間の出来事で客に声をかける間もなかった。ただザイルをできるだけ強く両手で握り、下に伏せた。同時に最初の石が私に当たった。ザイルがきつく引っ張られたが、老人を確保することはできた。三秒後、静かになった。大きな石が私のリュックサックに当たっていた。背中と胸が痛く、手は血だらけだ。しかし、打撲と擦り傷ぐらいで後は大丈夫のようだ。フリードリッヒの方が不運だった。頭と肩と腕に落石が当たっていた。頭からひどく血が流れているが、気は確かで話すことができる。腕は骨折している。

まずこの危険な場所から逃れるために、ザイルを引いて二、三メートル動き、安全な場所に移った。それからエアーツェルマットに連絡を入れ、病院まで緊急搬送が必要になったと連絡した。「十五分でヘリが来る。医者も乗っている。すぐにここから連れ出す。もう大丈夫、心配しなくていいぞ」と、安心するように言葉をかけた。しかしフリードリッヒはそんなに動揺していない。いや、まったく平然としている。この人はすごい経験をしてきた人なのだろうか。あるいは年を取ると、ちょっとやそっとのことでは驚かなくなるのだろうか。頭に包帯をできるかぎり上手く巻いてやった。

待ち遠しかったヘリがようやく到着した。ウインチのフックに怪我人を掛け、「まず小屋まで飛んで、医者の手当を受けることになる」と言うと、ヘリは飛び去っていった。ヘリは怪我人を運んでから、私を迎えにきた。ヘルンリ小屋では医者が、「患者は早急に病院で治療を受ける必要がある。バキュームマットに包んで、フィスプの病院まで直接ヘリで運ぶ」と決定していた。

登山は突然に中断されたが、私は明日また次の客をマッターホルンに案内する予定があるので、小屋に残った。「明日、登攀からもどってきたら、病院へお見舞いに行くよ、お大事に」と言ってフリードリッヒと別れた。

飛び去るヘリを見ながら、いろいろと考え込んでしまった。どうしてこんなことになってしまったのだろう。客を連れてガイド登山中に事故を起こしたのは、初めての経験だった。罪悪感に襲われた。やりすぎたのだろうか。やっぱり途中で引き返した方がよかったのだろうか。心情に流されすぎたのだろうか。あるいはただの不運だったのか。どんな山岳ガイドも、歳や経験に関係なく、事故が起こった後に思い悩むことだ。しかし、ラッキーだったことは確かだ。ほんとうにもっとひどい結果になっていたかもしれない。ものは考えようで、運がよかったのだ。

翌日約束通り、フリードリッヒを見舞いに病院へ行った。ベッドの上に座っていて、なんとか大丈夫な様子だ。幸運なことに、傷は深くなかった。

「こんなのたいしたことないよ。人生には目にみえないけれど、もっと残酷で心に残るドラマがある」と言う。

「どういう意味?」

それからフリードリッヒは自分の人生を語り始めた。

「第二次世界大戦中の一九四一年、三十歳で軍隊に入り、一九四五年にロシア戦線に送り込まれた」

七十五歳になる私のザイルパートナーは話を続ける。

「ロシアでは人との戦いだけでなく、冬の極寒との戦いが厳しかった。部隊がそこで経験したことは言葉で言い表せないほど、ひどいものだった。一度、戦っている最中に鉄砲の弾が自分の頭に当たって、ひどい怪我をした。右目の下に命中した弾は、頭を通過して左耳の下から出ていった。貫通だった」

私は感銘を受け言葉が出なかった。その後どうやって生き延びたのだろう。話の続きに聴き入った。

重傷を負って地面に倒れた彼は、部隊の仲間からももうダメだろうと思われ置いていかれた。当然のことにロシアの捕虜になってしまったが、病院に連れて行かれ、そこで数週間過ごしている間にある程度回復した。その後、さらに数年の捕虜生活が続き、戦争の混乱が収まった頃にドイツに帰ってきた。

「頭の怪我自体はすっかり回復し、後遺症もない。しかし記憶喪失になっていた。頭に弾が当たるまでのことは全て消えてしまって何も覚えていない。どこで生れ育ち、どこの学校に行ったのか、全然覚えていない。両親の名前すら分からないのだ」

本当に全て、自分の名前さえ思い出せなかった。不幸なことに、所持していた唯一の身分証明書さえ、前線で戦っているうちに失くしてしまっていた。その後、長年にわたって自分の過去について調べて回ったが、いつしかそれも諦めた。このはっきりしない状態を自分で納得し、新しい身分証明書を受け入れるまで時間がかかった。

フリードリッヒの身の上話は、私が今まで聞いた中で、最も心に残るものだった。なるほど、そんな過去を持つ人だから、マッターホルンで受けた頭の怪我などたいしたことではなかったのだ。戦争中に経験したことと比べたら、あんなのは擦り傷のようなものだったのだろう。

感無量の気持ちで、お別れを言った。幸運にも、二十五年にわたる山岳ガイド生活で、客に怪我をさせたのはこれ一回だけだ。しかし、この事故と退役軍人のことは忘れずによく思い出す。山岳ガイドの中にも本物の古強者《ふるつわもの》がいる。これまでいろんな困難を乗り越えてきた勇士。ちょっとやそっとのことでは動揺しない。そういう人を、若者は尊敬の念をもって崇める。かつて私もそんな若者の一人だったのだ。

年功序列

Die Letzten werden die Ersten sein

山の上で「後に並んで待つ」という本当の意味を知った日の夜、ヘルンリ小屋には地元出身の山岳ガイドたちが大勢いた。そのうちの数人は人生の半分をこの小屋で過ごしてきた五十歳から六十五歳のベテランガイドだ。三十年前からガイドを職業として働き、ヘルンリ稜のことはすべて頭に入っている。

客たちの多くはもうすでに床についているが、私たち山岳ガイドはまだキッチンに座り、赤ワインを飲みながらベテランガイドたち、私の伯父のリヒャルトや、ロニー、アルフォンスF、ガブリエル、ヴィクトーなどから、昔の山岳ガイドや救助活動の話を聞いていた。残念ながら、誰も書き留めなかったので、話の多くは忘れ去られてしまった。夜も遅くなって会話はさらに盛り上がり、笑い声は絶えなかったが、瞼はだんだんとくっついてきた。ようやく我々山岳ガイドもベッドに横になりに行った。二、三時間寝たら、もう小屋番のフランツが起こしにくるだろう。

早朝、起きると残念ながら雨が降っていた。ベテランガイドたちは仲間同士で今日のツアーを実行すべきかどうか討論し合っている。

「雨の中を出発するのは無駄だ。ここは雨でも上は雪が降っていてコンディションは良くない」とリヒャルトとアルフォンスは言う。

「出発を遅らせて、太陽が上部の岩壁を少しでも暖めてくれるまで待とう」

「それがいい。では一時間待とう。そのころには雨も止むかもしれない」と決定が下り、皆が了解した。

いつもよりゆっくりと朝食を摂る時間ができ、食堂はかなりの人で混雑していた。コーヒーの香ばしい匂いが漂い、話し声でざわめいていた。全ての登山者が装備万端で勢い込んで集まっている。ロープは椅子にかけられ、リュックサックは床に散らばり、あちらこちらでカラビナがカチカチ音を立てている。出発が待ち遠しくて、窓からまだ暗い外を覗いている者もいる。

突然、伯父が私を呼んで、「クルト、ちょっと外に出て西の空の様子を見てきてくれ。前線は普通、西から東に動く。西の空に天気の良くなる徴候があれば、出発してもいいだろう」と言った。私は外に出て、小屋の北側に回った。ここから西の方がよく見える。だが真っ暗で何も見えない。冷たい北風が顔に当たり痛いほどだ。足には室内用の上履き、上着も薄いウィンドストッパーだけの格好で出てきた私は、雨から逃れるために小屋の軒下に入った。真っ暗な中で西の方を見ても天気の様子は分からない。上空にはどんよりした黒い雲が垂れこめている。だが、数分たって目が暗闇に慣れてくると、西の方が明るくなってきているのを認識できた。皆が朝食を食べている所に戻ると、緊張した空気を感じる。山岳ガイドたちは食べるのを止め、期待感をもって私の顔に注目している。

「天気は良くなると思う」

瞬時を逃さずリヒャルト伯父が立ち上がり、登山装備を手に取った。他の山岳ガイドと客たちも、それにならった。全てあっという間の出来事だった。山岳ガイド生活を始めてまだ間もない自分にとっては、初めての経験だった。コーヒーも食べかけのパンもそのままほったらかし。皆大急ぎで自分の装備一緒を取り、歩きながらザイルで繋いでいるパーティーも少なくない。最初の山岳ガイドの一団が客と一緒に、稲妻のように小屋から出て行った。先頭にいるのはリヒャルト伯父。こんな大騒動にびっくりした私は、立ち遅れて外に出た。テラスはもう行列になっており、その先頭に伯父がいた。後に山岳ガイドと客が二十人ほど続いている。伯父は私を見て、

「うちの長老ガイド、アルフォンスはどこだ?」

「もうすぐ出てくるよ」と答える私は、先ほどからの出来事にいまだに動揺している。ちょうどその時、六十五歳のアルフォンスが客とテラスに出てきた。リヒャルトは手を挙げて、

「アルフォンス、こっちだ。俺の後に続け!」と叫んだ。

そこが長老ガイド、アルフォンスの定位置なのだ。しかし、小屋前のテラスは人でひしめきあい、そこを通りぬけて先頭まで行くことが難しい状態だった。するとアルフォンスは机の上に飛び乗って、困惑している客とザイルを繋いだまま、机から机へ飛び越してリヒャルトの所まで行き、行列の中に入った。皆この様子をみて大笑い。早朝の見事な寸劇。そんな光景を目撃したのは、その時一度だけで、二度とない。昔からのしきたりは守っていくべきだ。

行列が動き始めた。リヒャルトに続いて、全体が、取付へ向かって行く。先頭にベテランの山岳ガイド、その後に若手の山岳ガイド、次に地元出身でない山岳ガイド、そして一番最後にガイドなしの登山者たちが続く。マッターホルン登攀の序列についての話題はこれで終わりにする。

時が経つにつれ、私自身の序列の順位も変わった。もう後の方で並ぶことはなくなり、先頭を進む。自分もベテランガイド組に入ったのだ。時は過ぎていく。

お手本

Wieder was gelernt

山岳ガイドはよく素晴らしいお手本として尊敬され、人はガイドから多くのことを学ぶ。模範として学ぶのはいいが、時々信じすぎることもあるようだ。数年前に実際体験したことがある。私はガイドとして若いスイス人の客とマッターホルンの頂上に向かって登っていた。この客とはすでに何度か一緒に登山しているので、気心も知れており楽しい登攀だった。「肩」から、いつものようにアイゼンを着けて登っていき、好天気の中、三時間半で問題なく頂上に到着した。下山にかかると、次から次へ客を連れて最後の数メートルを登ってくる山岳ガイドたちに出くわした。皆、普通にアイゼンをつけている。ウンテレス・ダッハまで降りて来たとき、同僚の山岳ガイド、トーマスと出会った。あだ名はトゥルボだ。客とザイルで繋いでいる。足元に目がいき、よく見ると左の靴にだけアイゼンをつけている。そして客の方は右の靴だけ。不思議に思って理由を訊いてみた。

「客がアイゼンを小屋に忘れてきた。気が付いたときはもう大分登ってきていて戻るのは無理だった。仕方ないので、私のアイゼンを片方ずつ装着している。二人とも、片足だけで登ってきた。でもご覧のようにちゃんとここまで登ってきたよ」

オーケー。非常事態だからまあ、いいでしょう。進む速度は遅くなるが、登山中止を避けるには、なかなかの方法だ。

　ヘルンリ稜を登るとき、アイゼンは必携だ。ほとんどの場合、ルート上の一部が凍結しているからだ。アイゼンを使う必要がないのは、長期間、良い天気が続いたときだけの例外だ。しかし、そんなときでも、我々は必ずアイゼンを持っていく。山の天候は変わりやすく、急に天候が悪くなり雪が降り始めることもある。そうなると岩壁にはたちまち氷が張り詰め、アイゼンなしでは一歩も進めなくなる。片足でもアイゼンを着けるのは両方ないより、まだ救われる。


　私たちはさらに下山していった。すぐにまた次の山岳ガイドと客たちに出会った。ほとんどのガイドを私は知っている。フランス、ドイツ、オーストリアからのガイドたちだ。信じられない光景が目に入ってきた。皆、アイゼンを片足だけ着けて登っている！　今日、客が全員アイゼンを小屋に忘れてきたわけではないでしょう。立ち止まって尋ねてみた。

「もう一つのアイゼンはどうしたの？」

「リュックサックに入ってるよ」と、片方のアイゼンをリュックに入れて登っていくのが、まったく当然のように答えてくる。

「地元の山岳ガイドがこの新しい方式でマッターホルンに登っていった。だから、私たちも真似してるんだ」

　こんなに大笑いしたことはめったにない。なるほど、新しい登山方式ね。

「じゃあ、ぜひとも結果を教えてくれ」そう言って、笑いながら、下山の最後の道を辿っていった。

私も自分の知らない所を登るとき、その地方のことを一番よく知っている地元の山岳ガイドから情報を得る。人はいつも他人から何かを学ぶことができると思う。それでも、時に不思議に思うことがあったら、きっちり問い合わせるべきだろう。

暴風と降雪、セントエルモの火

Vom Blitz getrieben

ケヴィンとレベッカと共に初めて家族揃ってマッターホルンに登頂したときは、すべての環境が最良で楽しい思い出しか残っていない。しかしそれも自然が味方してくれたからだった。自然環境が山での出来事をどれほど左右するか、一九八六年に私が体験したことを話そう。

その頃私はすでに多くの経験を積み、マッターホルン登頂へのルートはしっかりと頭の中に入っていた。すなわち昼間や天気の良い日だけでなく、夜でも霧の出ている時でもルートは間違わない。マッターホルンは天候が急激に変化することで有名な山だ。何も見えなくなってしまった緊急事態でも方向が分かるということは、アルピニストにとって大きな利点である。

マッターホルン登頂を目指すほとんどの登山者が陥る問題の最たるものは、オリエンテーションである。ヘルンリ稜で正しい道を見つけていくことは簡単ではない。正規のルートから外れてしまうと、無駄な時間を長々と費やすことになり、体力も限界に近づいてくる。天候が変わり、ルートの状況が悪くなると、行動に時間がかかり、安全なヘルンリ小屋まで戻ってくるのが大幅に遅れてしまう。

地元のガイドはもちろんヘルンリ稜のルートを熟知しているから、天候やコンディションが少しぐらい悪くとも登攀を実行することがある。もちろんそういう状態に対応できる客とザイルで組んで行ける時だけだ。客にも体力の余裕があると、緊急事態になったときでも、スピードを上げてヘルンリ小屋に戻って来ることができる。スピード、登山テクニック、体力、体調を持ち合わせれば、状況の悪いときでも限界ぎりぎりまで頑張れる。二十五年前に経験した客の時もそうだった。

いつものように、登頂前夜に小屋で客と会い、登山について説明する。よく鍛えられた若い日本人だ。唯一の問題は言葉だった。その日本人客は英語が分からず、私は日本語に強くない。仕方ないので、ジェスチャーで話を進める。でも今までにも何度かあったことだ。日本人が外国語に弱いことは知っている。彼らは言葉で理解するのではなく、山岳ガイドの行動をしっかり観察し、その通りに動く。「行動して学べ」だ。今回の客も同じように上手くいくだろう。

リュックサックの内容を点検する。無駄なものを持って行きすぎないように、忘れ物のないようにチェックする。装備も見る。アイゼン、ジャケット、ズボン、手袋、ヘルメット、行動食、ヘッドランプ用のバッテリーなど一つずつきちんと確認する。若くてトレーニングも積んでいるように見えるので、ザイルを組んでも早く登っていけるだろうと思い、小屋を出発する先頭グループに加わることにした。紙にスケッチして説明すると、理解したようだったので、明日の出発時間にはちゃんと準備して待っているだろう。

早朝四時にフランツが登山者を起こすと、食堂はたちまち人で賑わった。今日は百二十名もの登山者が頂上を目指すようだ。皆、急いで朝食を済ませ、登山靴を履き、ハーネスを着けている。私の客の日本人もすっかり出発の準備ができている。すでにハーネスを着用しており、ヘルメットを被り、ヘッドランプも点灯している。昨日、私が紙に書いた説明を理解していたのだ、と嬉しく思った。素早くザイルを繋ぎ先頭グループとして小屋を出発した。小屋から取付に向かって進み始めたのはまだ四時半だった。客は私の後に続く。リズミカルに足取り軽く登っていった。呼吸も静かで規則的だ。昨日の私の見込みは正しかった。登攀のための準備がきちんとできていて、体調も最高のようだ。高度がどんどん上がっていく。皆まだずっと下の方だ。こういう客との登攀は自分も楽しい。二人だけで山にいるようだった。

ソルヴェイ小屋に差しかかる辺りで、陽が登ってきた。ヘッドランプを消し、どこよりも素晴らしい日の出に感嘆した。空にはベールのような雲が赤く輝いて、なんとも言えないほど美しい景観だった。しかし、私は天気が心配になってきた。「朝焼けは悪天の兆《きざ》し」というのは、子供の頃から聞いてきた諺だ。天気予報は「今日は一日晴れ、ただし夕方に嵐が来る恐れあり」と伝えていた。でも、私たちはそれまでに早々と小屋に戻っているから大丈夫、と思ったがやはり気になる。悪い天気はいつも西の方からやってくる、と小さい頃から伯父に教わっていた。西方に位置し、標高四八一〇メートルのアルプス最高峰モンブランを窺うが、良くない。ここから六〇キロほど離れている山は、すでに黒く厚い雲に包まれて見えない。嫌な予感がする。でも、どうして？

スイスの天気予報はたいてい信用できる。特に激しい雷雨などの予想はおおよそ当たる。でも、今日の日中にはそんな予報はなかった。先に進むことにしたが、テンポはゆっくり目にした。もし、急激な天気の変更があれば、すぐ引き返そうと思ったからだ。「肩」の手前で、振り返って下方を見た。霧が上がってきているが、まだ緊急避難小屋のソルヴェイ小屋が見える。後に続いて登ってきている同僚の山岳ガイドたちはどうしただろうか。皆、リヒャルト伯父までが、小屋の方へ引き返している。つまり、今日の天気予報は信用しない方がいい、ということがはっきり分かった。にもかかわらず、登攀中断の決心はまだつかなかった。リヒャルト伯父が中止を決定した主な理由は、きっと同伴している客の能力を見越してのことだろう。迷った。というのは、まだ客と登ってくる山岳ガイドもいるからだ。ガビーというあだ名のついているガブリエルは経験深いベテランガイドだ。ガビーの客もよく鍛えられた登山者のようで、私たちより二〇〇メートルほど後方を登ってくる。

ガビーがまだ登攀を続けているのなら大丈夫だろう、と判断した。ルート自体の状態はまだ完璧だ。岩は乾いていて、雪も氷もない。アイゼンは四〇〇〇メートルを越える所まで、必要なかった。しかしその時、突然雪が降ってきて、ガビーの姿が霧の向こうにボヤッとしか見えなくなった。それでも登攀を続けているのが分かる。私たちも頂上に向かって進む。私の客は問題なくついてくる。天候が悪くなってきたことも全く気にしていないようだが、日本人は心を表に出さないので私に分からないだけかもしれない。固定ザイルのところまできた。降雪はますますひどく霧も深くなり、ガビーが見えなくなった。引き返したのだろうか?　時速八十キロぐらいの強風で耳が痛い。でもこの調子で登っていけば、三十分後には頂上に到達し、二時間半でソルヴェイ小屋までもどることができるだろう。

ここで引き返すことになるのではないか、と日本人の目が不安がっている。憧れの頂上が目前に迫っているのに、急に手の届かない遠い所に行ってしまうかもしれない。技術もしっかりしている良い登山者なのにと思うと、可愛そうになってきた。やっぱり目的を遂げさせてやろう。身ぶり手ぶりで日本人と話した。

「頂上まで登ろう。しかしこの目的を達成するには、今から全力を出して頑張らなければならない」

　ここではスピードが安全に繋がる。早く登れば登るほど積雪が少なく、それだけ障害が避けられる。固定ザイルを上り、ウンテレス・ダッハ、オーベレス・ダッハを越え、ついに雪と強風の中を頂上に到達した。強烈な風が吹いていて、立っていられない。膝まづいて登頂成功を祝った。大喜びしている日本人を大急ぎで写真に撮った。とても素晴らしい写真とは言えないが、本人は満足の様子だ。今回の登攀が楽しかったとは言わない。しかし、状況を考慮した上でのチャレンジであったことは間違いない。暴風と降雪の中の頂上、なるべく早く逃れたい。

　下山を始めると間もなく風と雪に加えて雷鳴が響いた。これでもか、と言うほどの勢いだ。すぐ近くの山に、耳が裂けるほどの音を立てて雷が落ちた。大気は荷電粒子に満ちており、アイゼンやカラビナなど、ありとあらゆる金属製品が鈍い音を立てている。固定ザイルの支点の鉄ピンはいわゆるセントエルモの火(注)を放っている。いま鉄ピンに触れたら危ない。私たちは全く無防備な状態で大嵐の中にいる。一刻も早くその場を逃れるため、客をさらに急がせて、ようやく嵐をしのげる岩場まで来た。雷も稲妻も徐々に遠のいていく。周りを見渡してみたが、ガビーはどこにも見えない。やっぱり、引き返したのだろう。

　ソルヴェイ小屋の周辺にはすでに三十センチに近い新雪が積もっており、依然、大粒の雪が降り続いている。こうなると私のルート知識が役に立つ。視界が悪いと、ここからの下山ルートは間違いやすく危険だ。ガイドなしで登っていた登山者たちが、下山ルートを探してウロウロしているのを追い抜いていく。先に降りて行った山岳ガイドの足跡を辿ればよかったのだが、すでに雪で見えなくなってしまっていたのだ。

ようやく私たちがヘルンリ小屋に辿り着いたとき、テラスは二十センチもの新雪に覆われていた。八月中旬の急激な天候の変化。天気予報に全面的に頼ってはいけない。アイゼンを外して小屋の中に入った。山岳ガイドや客たちは皆ツェルマットに帰ってしまい、誰もいない。ガビーだけがまだキッチンに座っていた。

「今日の頂上はどうだった?」とベテランガイドがすまして訊いてきた。

「毎日が今日のようにドラマチックでなくともいいよ」と答え、「ウンテレー・ロータートゥルムで引き返そうと真剣に思ったが、あなた達がまだ登ってくるのを見て負けん気が起きて前進した。そんなにひどくならないだろう、と判断した」

ガビーは笑いながら「俺はな、お前がまだ先に進む限り自分も行くぞ、と思ったんだ。しかし、固定ザイルのところで雷が鳴り始めたとき、これが限界だと決定した。その時には、もうお前たちの姿は見えなかったよ」

その頃、私たちはまさに頂上にいた。その前に雷が鳴っていたら、私もきっと引き返していただろう。一口に同じ登山と言っても、それぞれが異なり、全ての人に同じように危険が伴うわけではない。判断を下す時は、それぞれの条件を考慮して決定しなければならない、とこの日の出来事は証明している。

ふつう、山岳ガイドは自分の経験と直感を基に決定を下していくが、そのときに最優先する原則は、自分の連れている客の登攀能力である。

注＝荷電によって発光する青白い光

出番なし

Kein Schwein ruft mich an

小屋で生活している私たちにとって、天気が悪くなるのは天からの恵みのようなものである。ちょっと休憩する時間ができるからだ。天気が急変して雪が降ったりすると、客も急にいなくなる。それでも私たちスタッフにはまだすることがいっぱいある。計画を変更し、注文品を検討し直し、小屋にあるものが腐ってしまわないように保存する。

それでも、そういう機会にはいつもより時間に余裕があり、スタッフも休みがとれる。今回はヤスミンとマルティーナの番で、ツェルマットまで下りて行った。休みなく二週間働いた後だから、村でゆっくりするご褒美があってもいいだろう。緑の野原を見て、喫茶店でアイスクリームでも食べ、お湯をたっぷり使ってシャワーを浴び、美容院にいく。あるいはただ寝て過ごす。この二週間できなかったことを、いろいろやりたい。村に下りると、山小屋での不便さを思い起こし、文明のありがたさを実感する。

ステファン、ケヴィン、ステファニーと私は小屋に残る。どんなに天気が悪くとも、小屋を完全に閉めることはあり得ない。少しぐらいのことでは動揺しない客がやってくるし、次の週の予約の電話も入ってくる。何もしないでボヤーっと怠けている暇はない。水を集めなければならないし、しばらく使用しない食料品を冷凍する必要もある。テラスの雪かきも定期的にある。大掃除や壁の塗り替えなどにもちょうど良い。私自身は机の上に溜まっている書類を整理し、この本の執筆を続ける時間がとれる。

三日間も悪天候が続いた後、さすがに客は一人もいなくなった。小屋の周りを見に行ったが、まだまだ雪が多すぎて、シュヴァルツゼーから小屋までの登山道を歩くのも難しい状態だ。しかし、少しは明るくなってきている。テラスから一瞬だったが、マッターホルンが「肩」のあたりまで見えた。冬より山が白い。すなわち、山の雪が融けるまでに、最低でも一週間は太陽の照る日が必要だ。ま、臨機応変に対応していこう。そうできるのが私たちの強さ。といっても他に何ができよう。天気の状態に自分たちを適応させていくより仕方がない。祝日もその日に祝うことができない時が多い。自分たちで勝手に変更して祝うこともある。

スイスの建国記念日

Das Schweizer Wahrzeichen unter Beschuss

八月一日は我が国の建国記念日。当然、私たちはその日をヘルンリ小屋で祝う—まさにスイスの象徴、マッターホルンの取付の小屋で！　この日の夕食には特製デザートが出て、二十二時には花火を打ち上げるのが恒例だ。空気の澄んだ夜にはツェルマットの村からも花火が見えるという。しかし二〇〇五年の夏はそんな計画もすべて台無しだった。

この年のシーズンは滑り出しがよく、期待に膨らむ夏だった。七月の初旬には早くも山のコンディションが良好になり、山岳ガイドが客を連れてヘルンリ稜を問題なく案内できる状態だった。ところが七月六日に天候が急変し、状況が一変した。その悪天候は三週間経っても変わらず、悲惨な状態が続いた。私がヘルンリ小屋で経験した最悪の夏だった。数週間にわたって天気が安定せず、繰り返し雪が降った。積もった雪がようやく融けたかと思うと、また雪が降る。気が狂いそうな状況だった。しかし、どうしようもない。その中でベストを尽くすだけのことだ。そして毎日天候の回復を祈る。

この前、地元の山岳ガイドがマッターホルンに登ってから、もう三週間になる。そして、建国記念日の夜も天気が悪く、客も来ない。スタッフは皆黙りこんでキッチンに座っている。花火を上げる気などとても起こらない。

この山小屋で働くということは、勤勉さや忍耐力だけでなく、高い社会性も要求される。誰にでもできる仕事ではない。ハイシーズンに毎日十八時間も働く日が続くかと思えば、天気が急変して何もできない日が続く。それでも自分の感情を穏やかに保てる人でなければならない。仕事への協調性があり、さらに何もすることがなくてもいらいらしない性格が要求される。うっぷん晴らしに怒鳴るような人はヘルンリ小屋のスタッフに向かない。

スタッフはそれぞれ、この静けさと孤独感に打ち勝つ術を自分なりに知っている。カード遊び、読書、手紙書き。私自身は物思いにふけり、また忙しくなってくれればいいのにと願う。

美しく暖かい南国の砂浜に想いを寄せるが、そんな夢想からはすぐ覚め現実の世界に戻る。今日はスイスの建国記念日、八月一日だ。でも小屋には悲壮な空気が漂っている。

「花火は延期」と決定した。

花火を上げても霧の中に消えていって何も見えない、とスタッフ―特にケヴィンをなだめる。ケヴィンは花火をとりわけ楽しみにしていた。天気は数日で良くなると予報に出ているので、こんな状態からもうすぐ抜け出せるはずだ。ヘルンリ稜ルートも普通の状態に戻るだろう。それまで今のような無気力な生活が続くが、もう少しの我慢だ。会話はだんだんと少なくなる。ゲームは一通りやってしまったし、本もほとんど読んでしまった。時々、冗談を言って、スタッフの気分を盛り上げようと試みるが、いつも成功するとは限らない。

八月四日、ついに待ちに待った時がきた。ヘルンリ稜に雪がなくなり、登攀が可能になったのだ。山岳ガイドたちが、また小屋にやってきた。一カ月も会わなかった後の再会の喜びは大きい。なんか見知らぬ惑星に取り残されていたのが、発見されたような気分になった。さあ、シーズンの再開だ。売り上げが増えるのも嬉しいが、それより人がやってきて、ヘルンリ小屋の本当の存在価値を感じるのはもっと気分が良いものだ。

しかしながら、売り上げについてはあまり心配をすることはなかった。宿泊予約はすぐにどんどんと入ってきた。マッターホルン登頂チャンスを窺って、ツェルマットで待機している登山者たちが驚くほど多くいたのだ。登山者数は、ふつう夏シーズンの三カ月に振り分けられるが、今年は残りの八週間足らずに集中することになる。シーズンは例年のようにゆっくりと始まるのではなく、急激にスタートした。

この突然訪れた変化を、私たちスタッフは複雑な心境で見守る。片方では、もう暇を持て余してウロウロしなくてもよくなったという喜びがあり、もう一方では、四週間もの強制休暇の後、一夜明ければハイシーズンになっていたという戸惑い。まだ慣れるほど一緒に働いていなかったので、チームワークはうまくかみ合わない。厳しい毎日が始まった。モーターを回し始めたばかりの冷えた状態なのに、急に加速度をゼロから百に上げるようなものだった。しかし、そんなむっつり気分はすぐに改めなければならない。客には親切に気分よくサービスしてもらう権利があるのだ。

ヘルンリ稜ルートが登頂可能になったというニュースは、山火事が広がるように急速に伝わっていき、その日のうちに百人余りの宿泊客があった。十五人の地元ガイドたちもこの急展開を喜んではいなかった。ベテランガイドでも、シーズンはゆっくりと始まって徐々に山に慣れていきたいのである。リヒャルト伯父もそのうちの一人だった。翌朝早く、この夏初めての客を連れてマッターホルン登攀に出発する予定だ。こんな熟練ガイドでさえ神経質になっており、他のガイドたちも同様だがヘルンリ小屋がいきなり人で混み合っているこの状態を喜んでいない。

小さい小屋の中を多くの人が忙《せわ》しなく歩き回ると、皆の神経が過敏になっていく。私たちスタッフも山岳ガイドもいらいらしている。ただでも狭いキッチンは余計に混雑している。夕食の給仕と後片付けも終わり、食洗器を回して夜の八時ごろになって、ようやくスタッフは疲労困憊状態でキッチンのテーブルを囲むことができた。山岳ガイドたちもまだ客と話している。昼食時から九時間も休憩なしで働き、お腹はペコペコだ。ようやく食事をとる時間が取れた。その時、急に思いついたことがあり「ちょっと皆を驚かせることをしたいと思うんだが」と山岳ガイドが近くにいないのを確かめながらスタッフに小声で言う。

「まだ他の人たちには内緒だよ」

夏もすでに八月に入ってしまったが、ほんとのシーズンはこれから始まる。小屋はこの夏初めての盛況だ。ちょうどいい機会じゃないか。建国記念日のお祝いをしようと思う。ちょっと遅くなってしまったが、中止したままよりいいだろう。明日の朝、客たちがマッターホルンに向かって四時半に小屋を出て行ったら、花火を打ち上げよう。

「素晴らしいアイデアだ！」とスタッフ、特にケヴィンは喜んだ。

「絶対に秘密だよ。とりわけ山岳ガイドに悟られないように気をつけて。驚かせてやるんだ！」

みんなびっくりするだろうなあ。まだ辺りが真っ暗な早朝、ヘルンリ稜ルートの取付近くまで来たとき、急に花火が轟くのだ。スタッフの雰囲気が俄然明るくなる。皆、このアイデアの虜になり、秘密の共有を喜んでいる。厳しい一日を終えて、今日は皆早めに部屋に戻っていった。明日はスタッフ皆が早起きしなければならない。

テラスに出て天気を確認したのは早朝四時近くだった。星がきらめき、風はない。マッターホルン登攀、そして花火に最高の条件だ。キッチンに戻ると、すでにスタッフが皆揃ってテーブルを囲んでいる。皆、きちんと起床した。この面白い出来事を見逃すわけにはいかない。二十分ほど後に、登山者たちが朝食を摂りに集まってくる。今日はいつもと雰囲気が違う。特にベテランガイドたちは空気を察しているようだ。「今日はどうした。いつもは、お前一人で朝食の世話をしてるじゃないか。どうしてスタッフが全員揃って、こんな朝早くから起きているんだ。何か企んでるのか?」

「皆、山岳ガイドたちと長い間会っていなかったから嬉しいのさ」とすました顔で答える。

もちろん誰も私の言うことを信じていないが、本当の理由も想像つかなかったようだ。さて、いよいよ時が近づいてきた。いつものようにリヒャルト伯父が最初に小屋から出て行った。続いて他の山岳ガイドたちが世界中からやってきた客を連れて出発した。直後にスタッフは長さ一メートルある鉄の管をテラスに運び出し固定する。ロケット花火の発射台だ。注意深く角度を設定する。ロケットは何としても取付の上空に向かって発射されなければならない。二、三分後に先頭パーティーとしてリヒャルト伯父が取付に到着するだろう。そのタイミングを逃さずに花火を発射するのだ。

心の重い決定だった。調子に乗りすぎないようにしなければならない。子供を罰するためではない。

少しの花火でも十分の恐怖を与え注目に値するだろう。四キロ離れているツェルマットからも見えるし、音も聞こえるはずだ。もう一度山岳ガイドたちの場所を確認する。

「今が絶好のチャンスだ」

花火は絶対に登山者たちが登攀を始める直前に発射しなければならない。花火にびっくりして、それを期待しているのだが、登攀ミスを起こしたりしたら大変だ。

「さあ、いまだ！」

ケヴィンが栄誉ある点火役を受け持った。シューという音を立てて花火はヘルンリ稜に向かって飛んでいき、取付の真上で物凄い音をたて爆発して、カラフルな花が咲いた。朝の静けさの中で花火の爆発音はとてつもなく大きな音に聞こえ、暗闇の中で色彩が鮮やかに冴えた。

大騒動はこれでおしまい。後は客たちが昼近くにヘルンリ小屋に戻ってきたとき、何と言うか楽しみに待つだけだ。みんな喜んでくれただろうか？　あるいは、誰かを死ぬほど怖い目に遭わせてしまっただろうか？　最初の山岳ガイドが小屋に帰ってきた。彼の感想はこの両方だった。「素晴らしくきれいだったよ。だけど、ほんとにびっくりした」

このガイドも私たちが何か企んでいると感じていたようだったが、まさか花火とは想像だにしなかったと言う。加えて忠告してくれた。

「ところでクルト、お前の伯父さんは、気に食わなかったようだよ。花火が上がったとき、リヒャルトはちょうど一メートルほど登ったところだった。伯父さんの怒鳴り声がここまで聞こえなかったかい？」

緊張して伯父が帰ってくるのを待つ。すぐに客と一緒にリヒャルト伯父は小屋に戻ってきたが、無言だ。顔がものを言っている。目は険しく中央に寄り、問いかけるような顔で私を見るが、客と話を続けたままだ。私も何も言わないで、まるで何もなかったように自分の仕事を続ける。しかし、このテーマが忘れられたわけではない。問題をそのままにしておく伯父でもない。

「おい、ほんとにびっくりさせられたぞ」私は微笑みを隠す。

「あんなこと、朝の四時にマッターホルンで経験したことがない」そして厳しい口調で締めくくった。

「おまえがあんなことをするなんて思ってもみなかったよ。今度するときは、ちゃんと前もって私に言ってからにしろ！」

遅ればせながら祝った建国記念日の行事は、すべての人のお気に召したわけではなかった。しかし、この出来事を忘れる人はいないだろう。とにかくお天気の神様には気に入っていただけたのか、その後シーズンが終わるまで好天気が続いたのだった。

上昇気分

Es geht bergauf

とはいえ、天候は、いつか自然に変化していくものだ。今回もお天気の神様ペテロはそろそろ転機だと思ったのだろう。朝から素晴らしい天気にしてくれた。太陽の輝く中、スタッフ揃ってテラスに出て青空を眺める。なんと気持ちのいいことだろう。

ヤスミンとマルティーナは今日中に戻ってくることになっている。天気は回復したが、山小屋の営業が再びフル回転するまで少し時間がかかる。だから、ステファニーとケヴィンには明日から三日間、街に行けるように休みを与えた。ステファンの勤務条件は三、四週間、休みなしで働き、その後七日間の休みを取ると決めている。その間はもう一人のコック、アルノが代わりに働く。

急にまたとても暖かくなり、雪は見る見る融けていく。数日中には山は完璧なコンディションになるだろう。この情報を私は各方面の山岳ガイドオフィスに流した。すると間もなく登山者から宿泊予約が入ってきた。

山岳ガイドはヘルンリ稜線上の雪がほぼ融けきるまで、登攀せずに待機している。ルート上に多くの雪が残っていると、いろんな理由で危険が伴うからだ。下山の際、雪が日差しでゆるみ　雪崩の起きる可能性が大きくなる。トラバースをする数多くの場所で確保が難しくなり、滑落するリスクが増える。岩場の足の置き場や、手でつかむ場所が雪に埋もれていて見つけるのが難しい。ヘルンリ稜は通常のコンディションでもアルプスの中で最も困難なノーマルルートの一つとして挙げられているのに、雪が残っていると更に難しくなるのだ。だから、危険を冒してでも登攀する価値があるのかどうか、よく考慮することだ。

日照りが続き、テラスの除雪を助けてくれる。ステファニーが話しかけてきたので、私もちょっと休憩して、一緒に景色を楽しんだ。

「あの下を見て！　キャンプ場にまだ一人用のテントが立っている」

本当だ。そう言われれば今、気が付いた。キャンプ場には水もトイレもない。通常は山小屋のトイレや水道を使いに来るが、もう何日も誰もここには来ていない。

「一週間前から、あのテントが気になっているの。単独行者で、だいぶ前から居座っているらしいわ」

男はちょうど外に立っており、テントに乗った雪を落としている。私たちもまた雪かきの仕事を続け、その後、小屋に戻った。


夕飯はスイス料理のチーズフォンデュと、白ワインのファンダンが用意されている。私たちには気分転換になり、コックのステファンにとっては準備の楽な料理だ。ワインだけでなく、周辺の美しい景色も気分を盛り上げ、皆が大はしゃぎしている。大抵は、どんな客に会ったか、その客とどんなことがあったか話すのだが、客がいない場合には話すこともない。ありがたいことに、今日は単独のキャンパーを見たステファニーの話題があった。

「一週間前、あの人がここに来た時に話をしたわ。変な人だった！」

だらしない格好で、髪の毛も髭も長く伸びっぱなし。身に着けている軍隊用の上着とズボンはひどく汚れていて、長いこと体も洗ったことがなさそうだった。

「その格好に輪をかけるように傑作なのが、緑色の毛糸帽と黒いサングラス！」と、ステファニーが話を続けた。それ以後、男を「タリバン」と呼ぶことになった。

「じゃあ、彼も七十二人の乙女が楽園で待っていると信じているかな？」と、私は笑いながら言った。

ステファニーが手を振りながら、「いえ、いえ、違うのよ。アフガニスタンのタリバンではないわ。社会からはみ出たドイツ人で、穏やかな若者よ」

「ふーん、穏やかな若者ね。そう言われるとなんとなく思い出すな。もう十五年も前の話だが、決して忘れられない男だ」

皆の目が私に向き「話して！」と期待に膨らんでいる。

トップビジネス

Der Gipfel der Geschäfte

キャンプ場に新参者が来た。ヨーロッパ人で三十歳前後、社会からドロップアウトした感じの男だった。身に着けている服は汚く、破れていた。だが、それが目立ったわけではない。他のキャンパーたちもほとんど同じような格好をしている。男は間もなく山小屋に来て、座っていた。近くで見ると、もっとぞっとするような格好だが、頭はクリアに機能しているようだ。まだ誰も思い付いていない素晴らしいアイデアがあると言う。

「もともと南の方へ行く旅の途中で、二日以上ここに留まる予定はなかった。しかし、ここに来る道のりで、凄いひらめきがあったのだ」

さて、何だろう。興味をもって耳を傾ける。

「まだ誰も考えたことのない、うまい商売を思い付いたのだが、協力してくれませんか?」

「まず、もう少し詳しく話してください」

男は話し始めた。山小屋に来る途中で登山者と行き合い、話をした。マッターホルン登頂を終えて、家へ帰る道中の人だった。

「その人はマッターホルンの頂上でも携帯が通じたよ、と教えてくれた」

「そんなことは知っていますよ」と、私は肩をすくめた。

それがどうした? 今は一九九六年。一九八〇年代の後半から携帯電話を持っている人は、すでに頂上から電話をかけている。

現在では、ほとんどの人が携帯を持っているから、頂上から世界中に電話して、家族や友達、親戚に登頂の喜びをライブで伝えている。山頂では、いつも誰かが携帯で話している。昔は皆、頂上に辿り着いたら、ゆっくりとその敬虔な喜びを味わったものだけれど、今はまず電話して、写真を撮り、そして登頂のメッセージをSMS、証拠写真をMMSで送信する時代だ。


携帯電話が出回り始めた頃、自分の携帯を持っている客は、ほんの少しだけだった。登山者も山岳ガイドも同様、所持している人はほとんどいなかった。高価なものなので、なかなか買えなかったのだ。贅沢品であり、所持することはステータスシンボルでもあった。経済的に余裕のある人でなければ手に入れられなかった。小屋の管理人として働き始めて二シーズン目の夏に、この近代的なコミュニケーション・システムは小屋にもやってきた。

　キャンパーが話を続ける。

「登山者は携帯を持ち合わせており、頂上から妻に電話した。当然、妻は大喜びしたそうだ。それはそうだ。四四七八メートルの頂上から電話をもらったら、誰でも嬉しいものだ、と思った。そして、その瞬間にアイデアがひらめいた！」と目を輝かせて言う。

「ヘルンリ小屋で携帯のレンタルオフィスを開設したい。一日二十四フランで登山者に携帯を貸し出す。素晴らしアイデアだと思いませんか？」

　頂上から友人や家族、知人に電話をして、登頂成功の喜びを生で伝えられるのだ。

「だけど、それが私と何の関係があるのですか？」と慎重に尋ねた。

「食堂に小さなテーブルを置かせてもらいたい。それと、夜に携帯を充電させて欲しいだけなのですが」

　あまり信用できる話ではない。一体どのようにして、多くの携帯を調達するのだろうか？

「ツェルマットに機能する携帯を用意してあるから、ただ取りに行けばいいのです。その前にあなたの承諾をいただきたいのです」

　おかしな話だ。この男は破れたズボンを履いているというのに、数台の携帯電話を所有していると言う。どうしてだ？　だが、このアイデア商売に客がどう反応するか興味がある。同時に、私はくだらないことだとも思っていた。アルピニストにとって頂上から電話をすることが、本当に意味のあることなのだろうか？　当時自分にはそう思えなかった。まあ、でも気分転換になるかもしれない。山小屋に不利があるわけではないし、と私は最終的に承諾した。すると男は夕方には戻ると言い残して、そそくさと小屋を出て携帯を取りに村へ下って行った。そういえば、名前を聞くことすら忘れてしまった。単に「ハンディマン」と呼ぶことにした。

夜には本当に戻って来たので、店の場所を用意した。テーブルの上に六台の携帯電話を置き、小さな段ボールの看板には「新登場・頂上携帯レンタルサービス」と書いてあった。すぐに客の反応があり、最初の夜には翌日の登攀用として四台の携帯を貸し出していた。携帯を置いたテーブルに座り、確信をもった口調で客に売り込んでいた。もちろん、そういう技術やサービスは山には必要ないと思っている人も幾らかいたが、全体的に客の反響は大きかった。ハンディマンは数年後に起こることを先取りしていたのだ。

ひとつ、どう管理するのかと不思議に思うことがあった。ひょっとして思いつかなかったのかな、と尋ねてみた。

「ところで一体どうやって、客の通話時間を制限するのですか？　通話料がレンタル代より高くなるリスクはないのですか？」

「問題ないです」と笑いながら言う。「客を信用することですよ」

翌日、登山者が戻って来て、携帯電話を返却した。皆ハンディマンのビジネスアイディアに感動していた。ハンディマンはその日から毎晩、食堂に座って客とおしゃべりしながら、携帯のレンタル業を営んでいた。頑固で疑い深い人も納得させることができる有能なセールスマンだった。スタッフたちはこの変な男を見て楽しんでいる。実際にこのビジネスは繁盛していた。日が経つにつれ、需要が伸びていき、レンタル用の携帯電話が出払ってしまうくらいだ。

「明日、村に行って新しい携帯機器を調達してくる」と言う。

私は驚嘆した。当時、携帯電話は一台八百スイスフランぐらいする高価なものだった。購入費をカバーするには、一体何度レンタルすればいいのだろう。しかし、私が悩むことではない。ハンディマンは賢いビジネスマンのようだから、きちんと考慮しているのだろう。

夜には戻って来ると言っていたハンディマンは帰って来なかった。キャンプ場にもいない。食堂にはまだレンタル業用のテーブルが置いたままだ。六台の携帯は充電され準備万端だ。その晩は一応テーブルの上を片付けて、元に戻した。明日は帰ってくるだろう。そしたらまた、店を開けばよい。しかし、翌日になっても戻って来なかった。

どうしたのだろう。商売は繁盛していたのに。携帯の補充に何か問題があったのだろうか？　ツェルマットでは手に入らなかったのだろうか？　それにしても、六台の携帯をなぜここに置いたままにしていったのだろう？　携帯電話はちょっとした財産になるぐらいの価値があるというのに。私が悩んでいても仕方がない。そのうち解明されるだろう。

その通りだった。数日後に州警察から電話がかかってきた。その頃にはハンディマンのことなどほとんど忘れており、最初は行方不明者の問い合わせかと思って聞いていた。警察官は男の名前を言い、詳細を知りたい様子だ。

「でもそんな名前の人は知らないですよ」と返事をした。

「わかりました。では、男の特徴を述べます。数日間、山小屋にいたはずなんです」

それで全てが明らかになった。ハンディマンだ。彼が営んでいたビジネスについて報告した。

「そうそう、その新商法」と警察官が笑いながら、男のことを語り始めた。

「二日前にツェルマットで一人の男を窃盗の現行犯で逮捕した。観光客の携帯を盗もうとしていた所を目撃したのだ」

男のリュックサックからは、盗難届の出ていた携帯が数台見つかった。

「盗んだ携帯を何に使うのか、警察ではしゃべらなかったが、これで全てが明らかになった」

警察官はハンディマンが山小屋に個人的なものを何か残していないか聞いた。

「携帯電話が六台ありますよ」と答えた。それだけだった。まだ未払いの請求書はなかった。少なくとも私たちのところには。

ハンディマンが二度と戻ってこない、ということは確実だった。彼は告訴され、裁判所に連れて行かれた。

「次の荷揚げのヘリコプターで六台の携帯電話をツェルマットまで運んでいただけますか？」

警察の最後の頼み事だった。「証拠物件として必要なのです」

「もちろんです」と苦笑しながら、電話を切った。すぐ、事の成り行きをスタッフたちに話した。皆、なんとなく怪しいと思っていたが、突き詰めては考えなかったのだ。後もう一つの謎も解けた。ハンディマンが客の通話料金に無関心だったのも当然だった。通話料金の請求は、その持ち主にいくのだから。

動物の本能

Ein Herz für Tiere

小屋には時々ちょっと変わった客がやって来る。どこに行くつもりだったのか、ましてや、どこから来たのか大抵は全く分からない。まぁ、これも山小屋での日常生活の一コマだ。

ある朝、当時五歳のケヴィンがテラスに犬がいるのを発見した。見回しても犬だけで周りに誰もいないように見え、「外に犬がいる。飼い主も誰もいないよ」とキッチンにやってきて言った。

一緒に表に出て行き、近づいて見た。大きな白いハスキー犬だった。ちょっと動揺しているが、人には慣れている様子で、寄って来る。首輪はしていないし、他に何も身元が分かるようなものはなかった。ケヴィンが大好きになってしまった。「少し世話をしてやれば」と、言ってやった。

時々、客が犬を連れて小屋までやって来る。ケヴィンは子供のころそれを喜んだ。小屋ではペットは飼えない。場所も時間もないからだ。ケヴィンは進んで犬の世話役を受け持った。いつまでも飼っておくことはできないが、そのうち飼い主が現れるだろう。それまでのことだ。しかし、数日経っても誰からも連絡が来ない。飼い犬がマッターホルンの基部、三二六〇メートルの高さまできているとは、誰も想像していないのだろう。

シベリアンハスキーは山の環境が気に入ったようだ。ケヴィンを自分の主人として受け入れている。

ケヴィンが犬を綱に繋いで散歩させているというより、大きな犬が小さな子供を引っ張ってあちこち歩いている、という方が実際の光景に合っていた。

ようやく、十日後にチェルヴィニアから電話連絡があった。

「登山者からヘルンリ小屋にハスキー犬が迷い込んだと聞いた。自分の飼い犬は十日前からいなくなった。そちらにいるのが、自分の犬だといいのだが」と言う。特徴を知らせると、その犬に間違いないようだ。

「来週末には引き取りに行けるので、それまでそちらで預かってもらえないだろうか？」

ケヴィンには嬉しいことで、問題ない。せっかくできた遊び相手とすぐに別れなくともよいからだ。電話を切ってから、考えてみた。イタリアのチェルヴィニアからここまで一二〇〇メートルもの標高差がある。道中には石のゴロゴロしているところや、いくつもの氷河、ブロイル峠がある。何がこの犬をそんな旅に向かわせたのだろう。犬に聞くわけにいかないので永遠の謎だが。

この小屋では動物を何も飼っていない、というと嘘になる。どこの山小屋でも同じだが、ここにもネズミがいる。信じがたいが、あの小さな困りものは三〇〇〇メートルの標高までやってくるのだ。もちろん私たちにとっては迷惑な動物。食料品を食べられないように安全な箇所に置かなければならない。「ネズミ取り」には時たまにしか捕まらない。すぐ学習していく賢い動物だ。

数年前にヤスミンがいいことを思いついた。「猫を飼おうよ。そうすればネズミがいなくなる」自分の飼っている猫が二カ月前に仔を産んだ。そのうちの一匹は雄で若いから腹を空かしているはずだ。

いいではないか、と思った。さっそく次のヘリで「ネズミ狩」は航空便で丁寧に運ばれてきた。皆、猫に大きな期待を寄せる。ネズミ退治をしておくれ。しかし、二週間たっても、猫は一匹もネズミを捕らず、願いを叶えてくれなかった。反対に猫の方がネズミを恐れているように見えた。普通は腹が空けば、猫はいつか狩りに出かけるものだ。しかし、うちの気の良いコックが残り物をたらふく猫に食べさせていたようで、いつまでたってもそういう状況は訪れなかった。いくらでも餌をもらえるのに、どうしてネズミ取りなど煩わしいことをする必要があろう?

猫はまた戻された。ネズミは残念ながら、まだ居残っている。多分、多くの動物はこの小屋が好きなのだろう。常連さんと同じように……。

足の向くまま

So weit die Pfoten tragen

ある朝、小屋のスタッフ全員がテラスのテーブルを囲んで、レシュティ料理用に山のような量のジャガイモの皮を剥いていた。皆それぞれ何かの思いにふけっている。ジャガイモの皮剥きは精神儀式のようなものだ。十時半ごろに最初の地元ガイドが客を連れて山から帰ってきた。飲み物を注文して、私たちのテーブルに加わり、奇妙な話を始めた。マッターホルンから下山中、いつものようにソルヴェイ小屋で小休憩を取ることにした。小屋に入ろうとしたとき、中から何かが飛び出してきた。びっくりして目で追うと何と猫だった。

「捕まえようとしたが、素早く逃げてしまった」と、山岳ガイドは言う。

四〇〇〇メートルもの高山で、彼も私も猫など見たことがなかった。どうやってそんなところまで上がって行ったのだろう？　ネズミ取り用に飼ってみた猫はヘリで小屋まで飛んできた。

「ほんとに猫だったのかい？　大きくなったネズミじゃないのか？」

話はそれで終わったと思ったが、数時間後に帰ってきたオーストリア出身のガイドが、同じように猫を見たという。彼は見ただけでなく、捕まえてリュックサックに入れてここまで持ってきていた。

「猫をここに置いていっていいかい？」リュックサックからふわっとした頭の毛がのぞいていた。

「いいとも、そのうち下の村まで連れて行くよ」それまでまた、小屋でペットを飼うことになり、ネズミにとっては敵がいることになる。

二、三日すると電話がかかってきた。トロッケナーシュテックの上方、標高三〇二九メートルにあるガンデッグ小屋の番人ゲルヴァスからだった。マッターホルンで猫救助の大騒動があったそうだが、実はスタッフの飼っている猫が行方不明になっている。

「その猫は、赤い首輪のついた雄かい？」と聞かれたので、そうだと答えた。

それにしても、凄いことだ。ガンデッグ小屋はここから東へ四キロも離れている。なぜこの猫はマッターホルンに向かって歩き始め、さらに四〇〇〇メートルまで登って行ったのだろう？　多分あのイタリアのハスキー犬と同じ理由だろう。

「明日、誰かがツェルマットに行くときに、猫を連れて行くよ」

「じゃあ、その時ついでに去勢しよう」とゲルヴァスは言い、猫の話は終了した。可哀そうな猫、そんな破目になるとは思っていなかっただろうに。

それから二週間後のある夜、テラスで物音がした。戸を開けると、赤い首輪を付けた猫が飛び込んできた。「ニャーオ」

すぐ近くにいた人の足に体を摺り寄せた後、一目散にキッチンに走っていった。小屋の中のことをよく知っているようだ。猫の後を追いかけていくと、すでにコックのステファンが新しい客をもてなしていた。ステファンはお腹を空かせている人に食べ物を作るのが仕事なんだから、仕方ないか？　でも二人は旧知の仲のようだな。あ、そうか。またあのガンデッグ小屋の猫だ。去勢されても変わりなく、本能の方が強かったのだ。あるいはコックがあまりにも猫を可愛がったからだろうか。

山もあれば谷もあり

Ein ständiges Auf und Ab

今は、宿泊客が少ないなどと嘆くどころではない。ハイシーズンでお客がいっぱいだ。テラスも日帰り客や登山者たちで満員だ。ハイカーたちはシュヴァルツゼーから二時間歩いてきて、ヘルンリ小屋に到着するとほっとする。そして飲み物と食事のことしか頭にない。毎日毎日、同じことの繰り返し。もちろん私たちにとっては嬉しいお客様だ。ぎっしりと混み合っているテーブルに座って、スタッフと客の話をする。道のりがほんとに厳しかったようで、顔をしかめて、汗だくで、息も絶え絶えになりながら到着して喜んでいる人。まるで苦労せず、やすやす登ってきた人。登山靴、ハイカー用ズボンにソックスという完璧な装備で来る人。運動靴やサンダルで来る人。ビーチサンダルでやってくる人も見たことがある。

若者、シニア、背の低い人、高い人、太った人、痩せた人。何か飲んでから帰る人。そのまま急いで帰って行く人。もちろん皆、証拠となる記念写真は忘れない。ゆっくりと滞在を楽しむ人もいる。食事と景色を楽しみながら特製コーヒーを飲み、もう一杯おかわりし、そのうち、こちらからもう帰途についた方がよいと忠告する客もいる。そこにマッターホルン登攀から帰って来る登山者が加わる。皆、スターが来たような目で崇める。

マッターホルン登攀からガイドが帰ってくると、いろいろ話すことがある。お客は山でどうだったか。他の登山者と何か問題はなかったか。そして、誰もが一番好んで話すテーマは、頂上でのキス。特にザイルで繋いだ相手の客が女性の時は……。

さあ、いつまでもスタッフとテーブルを囲んでしゃべっている訳にはいかない。仕事が待っている。電話がひっきりなしに鳴って、ずっと話している日もある。数日後の予約の電話もあるが、その他の問い合わせも多い。全ての質問に回答するつもりだが、いつも適切な答えをするのは簡単ではない。特に小屋が客でいっぱいのときはストレスもあり、正しい回答を普通の声音で出していくのは容易なことではない。山の現状や数日後の天気予報などの情報は喜んでお伝えしたい。しかし、よく私が答えられないような質問をされる。三週間後の天気予報、来週マッターホルンに何人ぐらいの登山者があるのか、登攀するのに一番状況の良いのは何日か、山岳ガイドなしで登攀できると思うか、登攀の難度、アイゼンは必要か、頂上までのルートを説明してくれないか。

自分の目的を頭で決めたのはいいが、その目的に到達するのに何が必要なのかという知識のない人たちの質問だ。ある程度の経験を持つ登山者はそんな質問はしない。

夜遅くなると、まだ小屋まで降りて来られない登山者から、よく電話がかかってくる。周りが暗くなり、ルートを間違って危険なことにならないかと心配になるのだ。一日が終わりに近づけば、暗くなっていく、というのは分かっていること。私がどうこうできることではない。そんなことにならないように、時間内に引き返してくればいい。しかし、電話をしてくる人たちにはもうそれは手遅れだ。そこで夜の明けるのを待って、明るくなってから下山を再開すればよい、というのが私の忠告だ。

登山者の家族もよく小屋に電話をしてくる。どうしてまだ帰って来ないのか？

何か事故でもあったのか？　どこにいるか見に行ってくれないか？

まだ帰って来ない登山者を山へ登って捜しに行くなど、簡単にできることではない。ほとんどの人がそれを理解できないようだ。実際、登山者を救助しに行ったことがないとは言わないが……。

月光の男

Der Mann im Mondschein

八月、ヘルンリ小屋は最も忙しい。その夜は百五十人の宿泊予約が入っていた。小屋を開けてからすでに二カ月近く経ち、チームワークは順調でそれぞれが自分の役割をスムーズにこなしていた。夜七時、夕食を出す時間だ。私はスープを配る役。テーブルの上の百二十余りのスープ皿に杓子で入れていく。その時、電話が鳴った。またか！

しかし、今回はローズマリーからだった。マッターホルンの北側、二六九四メートルにあるショーンビュール小屋の番人だ。双眼鏡で見たのだが、登山者が大変なことになっていると興奮した声で言う。

「どうも北壁側の断崖へ滑落したようだ。マッターホルン氷河から一〇〇〇メートルほどの高みに、一本のザイルでぶら下がっている」

それはまずいな。ローズマリーには、こちらで必要な手配をすると約束して電話を切った。スープの杓子をすぐ置き、テラスに出た。双眼鏡でヘルンリ稜を辿っていくと、四二〇〇メートル地点に黒い点が見える。北壁の断崖にぶら下がっている。すぐにエアーツェルマットの緊急センターに連絡し、主な情報を流す。早速ヘリは医者、フライトアシスト、必要装備を整え、マッターホルンの夜間飛行に備える。

日暮れが近づいてきており、遭難者の輪郭が暗闇の中に消えていく。スタッフへ救急出動に出かけることを伝え、二階にある自分の部屋に駆け上がって準備を始める。出動に必要な服や装備は常に用意してある。緊急事態にはぐずぐずしている暇はない。ジーンズの上にゴアテックスのオーバーパンツをはき、ハーネスを付ける。ウインドストッパーの中間着とジャケットを着て、室内靴を登山靴に履きかえる。

ヘリが到着するまでのほんの数分間に、頭の中で救助の手順を考える。遭難者と救急隊にとってどうすれば一番安全で、簡単に問題なく救助できるかと模索する。特に夜間出動はいろいろな代替案を綿密に検討し、リスクをなるべく少なくすることが不可欠だ。すなわち、常に一歩先のことを見ていく。一歩進めば、元に戻れない。まず天候は良い。風がなく、雲もない。三〇分ほど前に月が出てきた。素晴らしい満月の夜だ。ヘリのパイロットにとっては、真っ暗な夜よりずいぶんとオリエンテーションしやすい。

リユックサック、アイゼン、アイスアックス、無線付きヘルメットを持って階段を降り、食堂に行く。山岳ガイド用テーブルに同僚のウルスが座っていた。数年前から救急隊のメンバーで緊急事態には出動する。事情を説明し、もしかしたらヘルプが必要になるので、待機してくれと伝える。難しい救助になるときは、熟練者の補助が必要になる。小屋を出てテラスに行くと、ヘルンリ稜に弱い光が見えた。多分、ヘッドランプの光だろう。遭難者のものか、あるいは同伴者がいたのだろうか？

私が緊急電話をしてから約十五分後に、ヘリがツェルマットを出発してヘルンリ小屋に向かったという連絡がティェリーから無線で入った。確認の回答をして、自分も準備完了と伝える。ヘルンリ小屋から二十メートルほど上方のヘリポートで待つ。寒けがして、ジャケットのチャックを上まで引き上げた。すでにここで寒さを感じるぐらいだから、ヘリにぶら下がってスピードが出ればもっと寒くなる。もう一度全ての装備をチェックする。ハーネスはきっちりと締めたか？　アイゼンは靴にきっちりと固定したか？　ヘルメットの無線は機能しているか？

その夜は月光が明るかったので、ヘッドランプはリュックサックに戻した。こんなに明るいのだから必要ないだろう。どのみちヘリの操縦は暗視装置を使って行い、現場に着いてからサーチライトを付けることになる。ティェリーはヘリポートにヘリを着陸させた。ヘルンリ稜にはヘリが着陸できる場所はない。遭難者に辿り着く唯一の方法は、ロープやネットを使用することだ。今夜は少しでも早く救助できるようにネットを利用することにした。

ヘリに搭載している救急用装備を降ろし、必要なものだけを再び乗せる。ヘリのローターは回ったままだ。準備は数分で整うので、すぐ飛び立てるように待機している。一〇〇〇メートルほど高みの断崖に、登山者がザイルにぶら下がったまま待っているのだ。それも怪我をしているかどうかも分からない。医者はこのヘリポートで医療器具を備えて患者の到着まで待機する。ヘリのロードフックに三十メートルのロープをフライトアシストと一緒に固定した。そのロープの反対側のフックに自分を繋ぐ。無線機を通じてパイロットとの通信状況をテストする。パイロットと救援者の会話がきちんと通じることは、とても重要だ。成功するかどうかのキーポイントになる。

全ての装備は二重に確認し、フライトアシストもヘリに乗り込んだので、出発オーケーのサインを出す。ヘリはゆっくりと、垂直に空中に上昇して行く。高度を上げていく間、私はまだヘリポートに立ったまま、だんだんと短くなっていくロープの長さを無線でパイロットに伝える。そして地面から自分の足が離れ、夜の空中を飛んでいく。

すでに私は何百回とヘリに吊り下がって山の上を飛んでいるが、毎回、特別な体験だ。今回は特に夜間飛行なので、リスクが大きいという緊張感もある。飛行スピードや地面からの距離を推定するのは難しい。遭難者のいる所までヘリは一〇〇〇メートルの高度を克服しなければならない。数分で事故現場に到着した。ローズマリーと事故について話してから二十分は経っている。私たちにとっては短い時間だが、ザイルにぶら下がって助けを待っている登山者にとっては、とてつもなく長く永遠に思える二十分だっただろう。

飛んでいる間に、周りがだんだんと暗くなってきたのに気が付いた。月を見ると、満月の丸い月に鎌のようなものが入ってくる。あれは何だ？　今までに見たことがない。月は見えるのに、分刻みで周りが暗くなっていく。無線でティエリーに問い合わせる。回答がない。聞こえなかったのだろうかと思ったぐらい時間が経ってから返事が来た。笑いながら「今夜は珍しい現象が見られるよ。皆既月食だ」と言う。つまり地球が太陽と月の間に入り、月に地球の影がかかるのだ。「暗くなるよ。そのうち全くの暗闇になる」えー、何てことだ。ヘッドランプはリュックの中に入れてしまった。

ヘリが現場の標高まで上昇した時、ロープに吊り下がっている遭難者の輪郭がまだ見えていた。そこから三十メートルほど上にもう一人の登山者を目撃した。やはり遭難者にはザイルパートナーがいたのだ。その登山者はヘルプサインを出していた。少し考えてから、そのパートナーの横にまず降りることにした。そこからの方が現状を把握しやすいと思ったからだ。パイロットは、私が知らせる山からの高さと目的地からの距離を聞きながらヘリを操縦する。しかし、月がほとんど影に隠れると、ヘッドランプもない自分にも距離を推定するのが難しくなってきた。光なしではほとんど何も見えなくなった。どうしようもない。こうなったら経験と勘に頼るだけだ。なんとか遭難者のパートナーのいる場所から十メートルほどまでに近づいた。ヘッドランプを点けていて、自分が小屋から見た灯りだと分かり、ほっとした。ヘッドランプを目印にして、パイロットにかなり正確な距離を伝えていくことができた。

登山者の二メートル横に降りた。パイロットに着地を知らせると、私が吊り下がっていたロープが緩み、自分の体重が地にかかる。スチール製のカラビナをロープから外し、ヘリと切り離された。私の合図に従って、ティエリーはヘリを山から遠ざけ、ヘルンリ小屋に戻っていった。全ての準備が整い、ヘリで引き上げてもらうまで結構な時間がかかる。その間、ヘリが空中で待っている必要はない。小屋で待機して私からの連絡を待つ。

ヘリが遠ざかると山に再び静けさが戻り、パートナーと話すことができた。二人ともドイツ人で四十二歳と四十五歳。スイスアルプスにやってきたのは初めてと言う。話をしながら、私は更なる滑落の危険を恐れ、彼のザイルがしっかりと固定されているかどうか、確認した。滑落してロープに吊り下がっている遭難者は、見えなかった。この下のどこか、断崖の上部にぶら下がっているはずだ。パートナーの登山者が語るところによると、二人は登頂を済ませて、下山途中だった。しかし、かなり長時間の登攀ですでに疲労困憊しており、今夜はこの稜で一夜を明かすことにしたそうだ。

あと一度だけ懸垂下降すれば、小さいが比較的平らな場所があり、そこでビバークするつもりだった。

友人がハーネスに下降器をセットした時、突然、彼を繋ぎ止めていた自己確保《アンカー》が外れてしまい、岩肌を滑落して断崖に呑み込まれ、姿が消えてしまった。

ありがたいことに、そのザイルの末端も念のために固定されていた。それがなかったら、完全に下まで滑落していたはずだ。

「友達と話すことができた。意識はしっかりしていて、怪我もしていない」

あー、良かった。皆既月食の中で困難なレスキュー作業を行うのだから、それだけでも少しは作業が容易になる。リュックサックからヘッドランプを取り出し、横にいるパートナーのザイルをもう一カ所固定する。その後に、リュックサックからザイルを取り出し、こちらも固定してから懸垂下降していく。遭難者がぶら下がっているザイルに沿って下がっていく。断崖絶壁まで二十メートルぐらい、約四十五度の傾斜が続く。絶壁の縁で自分のザイルをブロックし、遭難者に声をかけて位置確認を取ることにした。すぐ答えがあり、十メートルほど下でザイルにぶら下がっているのが見えた。そこから下は一〇〇〇メートルの奈落の谷底、マッターホルン氷河だ。

遭難者は怪我をしていないと言う。しかし、三十メートルも滑落したのだから、一、二カ所、どこか打撲しているはずだ。それに恐怖感が顔に現れていた。足の感覚がなくなってきたとも言う。人間はただぶら下がっているだけでも、長時間になると死に至ることもある。それに実際、何時ごろからその状態でいたのか、分からない。無線でヘリのスタッフに状況を伝え、ティエリーに「カッパー救出法」はどうかと提案した。この方法だと、空中にぶら下がっている患者を移動することなく、直接救出することができる。患者を直接ヘリのロープに繋いで、全体重をヘリが持ち上げて宙に浮いた時点で、患者がもともと固定していたザイルを鋭いナイフで切り離し、ヘリと患者を山から離すのだ。

　この状態の遭難者を窮地から救い出すのに一番良い方法に違いない。ティェリーは了承した。

「じゃ、今から準備を始める。五分ほどで終わる」と伝えて無線連絡を終えた。断崖の縁の下でスチール製のカラビナを遭難者のハーネスに取り付けた。このカラビナがヘリと患者を繋ぐのだ。準備は終わり、ヘリがヘルンリ小屋を出発する。遭難者に、これからどういう風にレスキュー作業が行われるのか、説明する。覚悟がいるだろう。
　二、三分でヘリが近づいてくる音が聞こえ、ティェリーから連絡が入った。今回は、端にダブルフックが付いたロープを下げている。フックを手繰って遭難者のハーネスのカラビナにかける。
「引っかけた。ゆっくり上昇してくれ」と無線で連絡する。

　ロープはピンと張って、患者の全体重がヘリに吊られた。山と繋がれているロープをナイフで切り離す。ヘリと患者は山から離され、小屋に向かって飛んでいった。

　私は自分のザイルを辿って二十メートル登り、遭難者のパートナーの所に戻った。ザイルやその他の物を全部リュックに入れる。山には何も残さない。小屋で待機中の同僚ウルスに、無線で、万事うまくいったと伝えた。リュックに全てを片付け終わるやいなや、ティェリーから連絡がはいり、出発準備ができたか、と聞いてきた。

「二人同時にぶらさがってもいいか？」　四〇〇〇メートル以上の標高になると空気密度が急速に下がる。それもその時々の状況によって違い、ヘリの性能限界に陥るから、必ずパイロットに問い合わせる。今回はティェリーがオーケーを出してくれた。再び、パイロットに無線で指示を出しながら、自分と登山者をダブルフックに繋ぎ、引き上げてもらった。地面から足が離れていった。

　その間に満月は再び丸い顔を出し、周りを明るく照らしている。地球は月に影を作らなくなり、皆既月食は終わった。この珍しい自然現象の中でスイスアルプス上空を飛行するのは、とても印象的だった。しかし、私と同じように隣にぶら下がっていた登山者は、この夜間飛行を楽しめる気分ではなかったようで、両手でしっかりとロープにしがみつき、顔は引きつっていた。遭難者の方はすでに小屋で医者の診断をすませていた。医者は、患者は打撲だけでなく、腕を骨折している可能性があると診断していた。詳しい検査をするために病院に搬送するようだ。

　ヘリのスタッフに素晴らしい協力を感謝し、小屋に戻った。夕食はすみ、テーブルの片付けも終わっていた。皆、満足しているようだ。ヘルンリ小屋では、私が緊急事態で留守の間も、日常が何の滞りもなく進む。そして、五分もしないうちに、自分もこの皆既月食でのレスキュー作業を忘れていた。忙しい仕事が待っていた。今日の仕事はまだまだ終わらない。食器洗いを全て終わらせ、明日の朝食の用意が終わる頃には、二十二時を過ぎるだろう。それから自分がベッドに行けるまでに、さらに一時間は過ぎる。短い夜になる。三時半には目覚ましが、あるいは電話がまた鳴るだろう。

約 1200 mもの標高差を誇るマッターホルン北壁は、アルプス三大北壁の一つ。
不幸中の幸い。初めて北壁登攀を果たした後、ヘルンリ稜を下山中にフィックスザイルの一本が切れ、危うい目にあった。

小さな足の大きな１歩。息子のケヴィンは４歳でクライミングを始めた。子供の登山靴に合うアイゼンは市販されておらず、工夫して特製アイゼンを作製した。ケヴィンは、毎年ヘルンリ稜を少しずつ標高の高い所まで克服していき、８歳でマッターホルンに登頂した。

次ページ：山小屋からの景色。左からオーバーガーベルホルン、ヴェレンクッペ、チナールロートホルン、ヴァイスホルン。

山の天気は急激に変化する。短時間で20㎝もの雪が積もり、登山者を困難に陥れる。

◀狭い台所はいつも大賑わい。特にハイシーズンは活気にあふれる。

◀夜になるとガイド達はバーに集まり、自分の客の登山技術や頂上までのルートの状況について話し合う。

犬と仲良し。ケヴィンは山小屋に迷い込んできたハスキー犬と数日間、親密な友達のように過ごした。

満月の夜のモンテ・ローザ山塊

夢のように美しい日没：左からリスカム、カストールとポルックス、ブライトホルンとクラインマッターホルン

畏怖と無力：モンテ・ローザ山塊の後ろに大きな嵐の兆しが。

自然は時に予期せぬ光景を見せてくれる。小屋の前に広がる素晴らしい雲海。

☆ WALLIS

Walliser Bote Donnerstag, 17. Juli 2003 7

Matterhorn: Räumung beginnt!

Seit heute Morgen laufen die Felsräumungen am Steinschlag des Hörnligrates – Öffnung in einigen Tagen?

Während der Bergungsaktion am Matterhorn am vergangenen Dienstag. Im Bild die Hörnlihütte. *Bild Air Zermatt*

Zermatt. – **«Wir gehen davon aus, dass wir dieses punktuelle Problem bald** der eigenwilligste und vielleicht auch schönste Berg der Alpen immer und auf der kann, würde wie bei vielen andern steinschlaggefährdeten Stellen am Matterhorn kein legungen Vorrang haben vor einer allfällig verfrühten Freigabe der steinschlagträchtigen Tra-

Zehntausende von Franken

Ein Drittel geführt

Kaum Verluste für Zermatt

Zermatt. – lth) An Spitzentagen der Hauptsaison jeweils in den ersten August-Wochen erklimmen bis zu 140 Personen das Matterhorn. Dabei vertrauen sich nur rund ein Drittel der Matterhorn-Sehnsüchtigen einem Führer an.

Je nach Sommerwetter besteigen zwischen 2000 und 3000 Personen pro Jahr den «Berg der Berge». Selbst bei guten Verhältnissen weist der Berg einige Schwierigkeiten auf: Der Auf- und Abstieg nehmen acht bis neun Stunden in Anspruch und erfordern eine gute Kondition. Die Zermatter Führer verlangen von ihren Gästen daher eine Vorbereitungstour in der Umgebung.

Pro Jahr ereignen sich gegen 50 Unfälle, davon nehmen ein knappes Dutzend einen tödlichen Ausgang. Dies hat oft mit Schlechtwettereinbrüchen zu tun, welche die Verhältnisse am Berg schlagartig durch Eis und Schnee extrem schwierig werden lassen.

In der Zermatter Bergwelt gibt es viele Alternativen zum Matterhorn, darunter auch ausgesprochen leichte Viertausender wie zum Beispiel das Breithorn. Diese Besteigung dauert von der Bergstation der Klein Matterhorn Bahn nur gerade anderthalb Stunden. Es sind nicht mehr als 400

「山が崩れる」：2003 年、ヘルンリ稜で大きな岩崩れがあり、危険なため、一時、登山禁止となった。崩れた岩石の除去作業が終了した後、解除された。

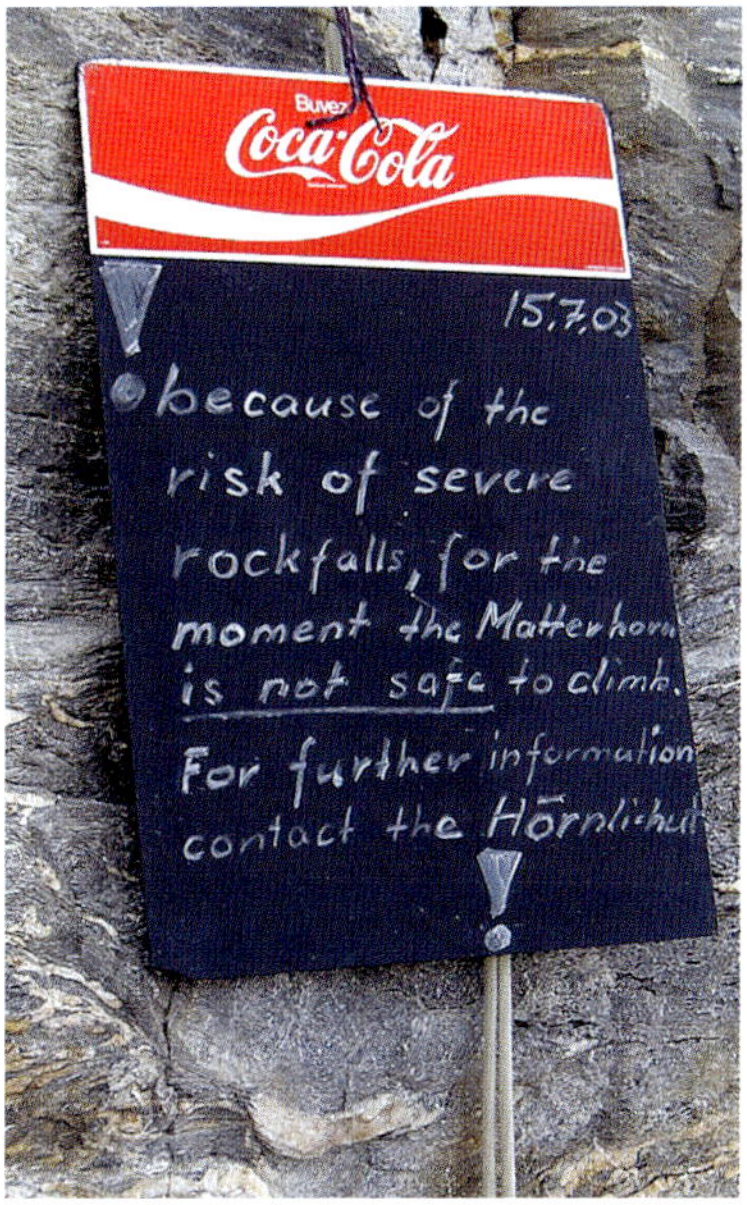

次ページ：稜線上に風雨に晒されて建つヘルンリ小屋は、まるでツバメの巣のようだ。

スイスの象徴、マッターホルンに向けて花火を打ち上げる。８月１日はスイスの建国記念日。ヘルンリ小屋では恒例の特製デザートを出し、ツェルマットからも見える花火を上げる。

山の自然に感動することがよくある。砂漠で見るようなきらめく星のあふれる夜空。輝かしいご来光。独特な光の織り成す自然の演出。手に届きそうなほど近くに見える星。小屋の前に広がる白い霧の海。

これは自然の美しい一面。だが、別の一面も持つ。自然は残酷で不当で情け容赦ない。人間より強く、いつもその力を押し通す。現代社会は進歩し、技術も発展し、ほとんどの計画は望み通りに叶う。油を採掘するために、海底深く掘り下げていく。ダムは大きく、高くなる一方だ。川の流れは変えられ、人工島には高さ八百メートルのビルが建つ。大きな歩幅で人間は可能性の限界まで進み、当然起こると予想される危険に近づいていく。水害、地震、落石、土砂崩れ、雪崩。近い将来、さらに多くの災害が私たちを襲ってくるだろう。なぜなら、自然は私たちや私たちの欲求に全く無関心なのだ。自然は災害という形でその脅威を誇示し、私たちがどんなに小さくて無力なものかということを見せつけている。

自然の掟というのは全世界に通用する。もちろんヘルンリ小屋でもだ。標高三〇〇〇メートル以上の岩稜上に建つ小屋では、特に自然のご機嫌の良し悪しに振り回される。今日はマイナス十度で吹雪、翌日は太陽が輝きテラスの寝椅子で日光浴、その翌日は時速二百キロの突風で石も吹き飛ばされるほど、なんてことは珍しいことではない。

ここ数年来、このような極端な気象現象が増えてきている。夏の吹雪や大雪、突風、強烈な雷雨、気温の急激な上昇と下降、長期の乾燥に伴う水不足。これらの現象が迅速に入れ替わり立ち代わり襲ってくる。数年前に私たちは実際にこの自然の脅威を体験した。その時はなんとか大きな被害は免れたのだが……。

落雷

Bombenstimmung

スイス気象台は、本日ツェルマット周辺は激しい暴風雨になるだろう、と天気予報を発表した。私は二時間毎に電話予報に耳を傾け、状況を把握しようとした。この日のヘルンリ小屋は静かだった。三十人ほどのハイカーの宿泊予約があるだけで、山岳ガイドやその客は誰もいなかった。天気予報があまりに悪かったので、小屋にいたガイドたちは谷へ戻って行き、新しい客を連れたガイドは全く登って来なかったのだ。

コックと夕食のメニューの話をした後、テラスに出てみた。嵐が近づいているから注意するよう忠告したのに、いまだに数人が外にいた。空はほとんど真っ暗になり、雹《ひょう》が音をたてて降ってきた。ブーンという大きな音が聞こえ、テラスの横にある旗竿のてっぺんに、セントエルモスの火がちらついているのが見えた。空気はひどく荷電し、火花が金属に放電していた。

「小屋の中に入れ！　外は危険だ！」とハイカーたちに呼びかけたが、そのうちの二人はそれでも中に入ろうとしなかった。冒険好きにもほどがある。キッチンに戻り、スタッフにも、「誰も外に出るな。嵐がすぐそこまで近づいてきている」と忠告した。

ヘルンリ小屋の屋根には大きな避雷針があり、銅線で建物の各角を伝い地面にアースしているので、大丈夫だ。と言っても嵐の大きさにより、どんなことが起こるか分からない。絶対に安全だとは言い切れない。用心するに越したことはないので、大きなプロパンボンベの元栓を閉め発電機も止めた。食堂、トイレ、部屋には懐中電灯を配った。電流が配水管を伝わってくる恐れもあるので、シンクも使用しないようにした。

レベッカは当時十四歳のケヴィンと二階の部屋で嵐が去るのを待っていた。ヤスミンはお客に食事と飲み物を給仕していた。私はキッチンで稲妻が光ってから雷が落ちるまでの秒数を計っていた。この秒数を三で割ると、大体何キロ離れているか推測できる。つまり、秒数が少なければ少なくなるほど、嵐が近づいてきているのだ。ひっきりなしに稲妻が走り、雷が落ちる。そのうちに間隔が二秒以下になった。つまり、私たちは嵐の真っただ中にいるという意味だ。稲妻はマッターホルンに放電し、小屋の避雷針を伝わって地面にアースし、雷が小屋を揺らす。

客たちが集まっている食堂はシーンと静まり返り、誰も言葉を出さない。好奇心いっぱいで自然の成り行きを見守っているようだ。急に入口の戸が開き、皆が振り返る。まだ外に残っていた二人のハイカーが慌てた様子で飛び込んで来て、小屋の一番奥の方に逃げ込んだ。もう冒険を楽しんでいる様子など、まるでない。ちょうどその時、地獄まで届くような大きな音が、バシーンと響いた。危機一髪、ぎりぎりの逃避だった。まるで何かが爆発したような音だった。天井の電球は破裂し、プラスチック製の電源スイッチは壁から飛び出し、部屋の中に散らばった。全てがほんの一瞬だった。誰かが何か反応する前に全ては終わっていた。

食堂には一つの電気も灯っておらず、誰も動かない。ただ窓に吹き付ける雹の音だけが聞こえる。これはテロリストが攻撃してきたのではなく、自然がその脅威を見せつけているのだ、と誰もが承知している。客たちはパニックに陥らず、叫んだり、逃げ惑ったりしなかった。ただ、当然のことに皆ショックを受けていた。恐怖で金縛りになったように動けず、同時に極度に緊張し、非常事態に備えていた。

衝撃音は巨大で、耳が聞こえなくなったほどだ。再び少し聞こえるようになるまで数分かかった。焦げ臭い。まず、キッチンに行き、火災が起こっていないか確かめた。その後、小屋中をチェックし、再び食堂に戻った。客たちは皆、無事だったと再確認する。ショックを受けているだけで大丈夫のようだ。レベッカとケヴィンが階段を下りてきた。二人の顔にもショックを受けた様子が現れていた。しかし、大きな危険は過ぎ去り、みんな緊張がほぐれてきた。外はまだ雹が降り続いているが、嵐は遠のいていった。今頃は多分ツェルマットで暴れているのだろう。

まわりを見渡した。床のあちこちに電球のガラスや、電気スイッチのプラスチック破片が散らばっているが、その他に変わったことはない。外に出てみた。雹が十センチぐらい積もっていた。部屋履きのまま出てきたので、注意深くその上を歩いた。メタルが今でもブーンと鈍い音を立てている。髪の毛も逆立っている。「山」という言葉そのもののように盛り上がっている。

嵐は完全に過ぎ去った、もう大丈夫だろう。小屋に戻って、「嵐は東へ去った。西の方はすでに明るくなっている。安心していい」と伝えた。ステファンはガスの元栓を捻り、台所仕事を再開した。私は発電機をスタートさせようとしたが、動かない。何度も試してみたが、やはり駄目だった。発電機のある小屋はヘルンリ小屋から三十メートルほど離れている。原因を探そうと詳しく点検してみたが、一見どこもおかしいところはない。その時、床に落ちているものが目についた。小屋と同じ状態だ。プラスチックの破片やコンクリートのかけらがあちらこちらに散らばっている。プラスチックの破片は小屋と同じで、電気のスイッチやソケットのものだ。しかし、コンクリートはどこから飛んできたのだ？　天井からだと分かるのに時間はかからなかった。でもなぜだ？

ヘルンリ稜の取付から二〇〇メートルほど離れたところに取水口がある。水は配管を通ってこの発電機のある小屋に繋がっている。配水管自体は合成樹脂製だが、それを吊り下げているのは鋼線だ。そしてその鋼線は発電機小屋のコンクリート製の天井に固定されている。それも鉄筋入りのコンクリートだ。稲妻は排水管を吊り下げている鋼線に落ちたのだろう。その電流は天井に固定されている金具からコンクリートの中の鉄筋に伝わり、さらに発電機の電線に飛び移ったのだ。その時に天井のコンクリートが破壊されたに違いない。しかし、それだけでは済まなかった！　電流は発電機の電線を伝ってヘルンリ小屋に感電していったのだ。

過去にも何度か雷は小屋を直撃したが、いつも屋根の避雷針から外壁の銅線を通って地面に逃げていった。今回の落雷は配水管を吊り下げている鋼線を通り、直接ヘルンリ小屋内の電源系に伝わったのだ。これは今まで経験した中でも最も危険なことで、二度と起こらないように改修しなければならない。不幸中の幸いは火事にならなかったことだ。落雷が火事を引き起こす可能性は大いにある。人里離れたところにあるこの古い小屋が火事になったりしたら、致命的な結果を招くだろう。

大惨事にはならなかったが、この落雷はかなりの被害をもたらした。発電機の制御システムと電動スターターが壊れたようだ。十二ボルトのスターター・バッテリーも両方とも破裂している。

「やれやれ、なんてこった！　最悪だ」そうとう頭にきた。修理に、少なくとも一日、二日はかかるだろう。いずれにしろ今晩はどうしようもない。小屋に戻って、明日、全ての手配をしよう。

「小屋の固定電話が通じない」とレベッカが悪い知らせと共に迎えた。更に「非常時用の十二ボルトバッテリーもラジオも全て修理できないほど壊れている」と言う。今はハイシーズンだというのに、なんともひどい状況。これから天気が良くなって忙しくなるのに、困ったことだ。

ここもあそこも、と後から被害が出てこないように、レベッカとケヴィンと一緒に小屋中をくまなく調べることにした。壁に沿って配線してある電線の多くは溶けていた。電球、ヒューズ、コンセントは破裂していた。電気が止まっているからはっきりと分からないが、たぶん食洗器、オーディオシステム、冷凍庫も壊れているだろう。全ての被害と必要な電話番号をメモした。翌日、第一に自分の携帯で各業者と連絡を取り、修理にすぐ来るように手配するのだ。今晩はそれ以上できない。それにしても、宿泊客が少なかったのは幸いだった。

客たちは皆まだショック状態から抜け出ていない。その夜の雰囲気はいつもと違って随分と静かだった。音楽がないということだけが原因ではない。食事はほとんど音を立てずに給仕され、また片づけられた。いつも聞こえてくる雑音、会話、笑い、皿のぶつかる音などは最小限だった。そうすればこれ以上の災害が避けられるとでもいうように、皆静まり返っている。食後、客とスタッフはロウソクと懐中電灯の周りに集まり、抑えた声で話していた。時々誰かが外を見に行き、本当に嵐が去ったかどうか、自分の目で確かめていた。本当に終わったのだろうか？　私たちもこんな災害が二度と来ないようにと願う。

翌朝早く、ツェルマットの店が営業を始めるや否や、修理業者に電話を入れた。ヘルンリ小屋の固定電話は通じないので、予約や問い合わせの電話はブルガー村会の秘書課へ回るように手配した。ヘルンリ小屋のオーナーであるブルガー村会が、電話に応対し、必要な情報のみ私の携帯電話に連絡してくれることになった。

さらに私の電話業務が続く。まず保険会社に被害を届け、それから発電機と食洗器の整備士、電気業者に連絡。最後に新しい十二ボルトバッテリーを六個速達で注文し、念のために新しい冷凍庫も三台注文しておいた。全ての職人が修繕に必要な部品を持って来られるように、壊れていると思われる部分がどこか説明した。翌日の朝までには部品が揃うということなので、全ての職人に九時にエアーツェルマット基地に集合してもらうよう手配することができた。これで一度のヘリ飛行で全ての職人が部品を揃えてやってくる。小屋に来てから、ねじ回しがないからといって、気安く取りに行けないのだ。

もうすぐ元通りになるだろう、いや、そう願う。天気はまた良くなってきて、小屋は繁盛している。昨日の災害など嘘のようだ。もちろんまだオーディオシステムは修繕できていないので音楽はないし、食洗器も動かないので全ての食器を手洗いしているし、夜になればロウソクの灯りしかない。しかし、お客たちは、それほど不便を感じていないようだ。電気があるのが当然とされている街の中のホテルと違い、この山小屋のような簡素な施設では、停電になってもそんなに大事《おおごと》にはならない。それでも、明日の夜までにはなんとか元に戻って欲しい。冷凍庫の食品がそろそろ融け出してきた。

翌朝、きっかり九時十五分に職人たちを乗せたヘリが到着した。まず職人たちに壊れたところを見せてから、保険会社の代理人と小屋中を見て回り、被害を書き留めてもらった。二時間後には発電機は修繕され、食洗器もまた作動するようになった。電気のコンセント、スイッチ、配線にはもっと時間がかかるようだ。今日のところは一応、重要なところだけ直してもらい、二日後に小屋内の全ての電流供給システムをチェックし、必要があれば新しくすることにした。

恐れていたように、三台の冷凍庫は壊れていた。しかし、ツェルマットのヘリポートには注文しておいた新しい冷凍庫が待っている。職人たちを村に戻すため、またヘリを呼んだ。三十分後にはネットに入った新しい一五〇〇リットルの冷凍庫を吊り下げたヘリが小屋に到着し、キッチンの入口に近いテラスに降ろしてくれた。ヘリはそのまま小屋の裏手のヘリポートにまわり、職人を乗せる。その間に壊れた冷凍庫をヘリのネットに入れた。職人を乗せたヘリは再びキッチンに近いテラスに戻ってきて、ネットを吊り下げ用のフックに引っかけると、ヘリはツェルマットに向かって飛び去っていった。

「稲妻と雷」事件はこれで一応終わった。考えてみるとほんとに幸運だったと言える。しかし、嵐は残念ながら、このように物質被害だけでは終わらないこともある。

運命　Höhere Gewalt

山岳ガイドの仕事は例年七月初旬に始まり、その年の天候にもよるが、大体は九月末に終わる。すなわち短期間に集中的に働くのだから、山岳ガイドを職業として暮らしている者は、天候の許す限り、なるべく多くのツアーを遂行する。そうしなければ、家族を養っていけないからだ。

もう二十年以上も前になるが、私はまだヘルンリの小屋番ではなく、山岳ガイドだけを職業として暮らしていた。その年は特に仕事が多く、九月の終わりまでに四〇〇〇メートル級ガイド登山の予約が、六、七十件入っていた。数年前から案内している常連客とツェルマット周辺のいくつかの登山に行った後の土曜日、私は休日を取った。大きな標高差を克服した後は、膝も股関節も休養を必要としている。翌週にはマッターホルンのヘルンリ稜登攀の予約が六件も入っていた。きつい週が待っている。天気予報は悪くなかったが、最初の数日だけ、午後は嵐の予報になっていた。それでもヘルンリ小屋に登って行って客に会い、月曜日にヘルンリ稜からマッターホルンに登頂するつもりだった。午後からの嵐が来る前にヘルンリ小屋に戻って来られるように、いつもより早めに出発することにした。

ツェルマットからシュヴァルツゼーまではいつものようにロープウェイを利用した。山頂駅からヘルンリ小屋までは約七百メートルの標高差、山岳ガイドなら一時間ぐらいで到着する。長い尾根を登っていく道だ。南側には二百メートルほど下にフルグ氷河が横たわっている。思いに耽りながら三十分ほど歩いた時、急にフルグ氷河の上に大きな黒い霧の塊が見えた。まるで巨大な鐘のような形をした黒い霧、だがその周りはきれいに澄み切った良い天気だ。霧の中に短い間隔で稲妻が走っているが、雷鳴は聞こえない。自分は霧より上にいるので、危険を感じなかった。霧は動いていないようだし、ヘルンリ小屋までもう遠くない。

ようやく小屋に着いた時、ちょうど雨が降り出した。小屋に入り、スタッフたち、特にフランツとハイディに挨拶をした。中は満員で騒々しかったので、まず自分の部屋に行き登山の準備をした。その後キッチンに行き、他の山岳ガイドたちと会った。客たちも次々に到着してきた。夕食前にガイドたちがそれぞれの客と翌日の登攀について話し合っている時、一人の客がまだガイドと会えていないことが判明した。隣国イタリア、チェルヴィニアのガイド、ニノがまだ小屋に到着していなかった。ハイシーズンには山岳ガイドが足りないので、ツェルマット山岳ガイド協会はスイス国内のみならず、オーストリアやイタリアのガイドを募集する。

山岳ガイド協会によると、ニノは午後早くに家を出発し、チェルヴィニアからロープウェイでスイスとの国境にあるテスタ・グリジアまで上がった。そこからフルグ氷河との分流地点まで雪上車に乗って行き、その後、徒歩で氷河上を歩いてヘルンリ小屋に向かったという。しかし、その後の足取りが分からない。

当時、私はレスキュー隊に入ってから二、三年経っており、こういう緊急時の手配の仕方は分かっていた。ツェルマットの救助隊隊長ブルーノに電話を入れ、ニノの行方不明を告げた。ブルーノはすでに知っており、山岳ガイド協会や雪上車の運転手、ニノの家族と連絡ずみであった。

「出動の準備をして待機していてくれ。普通じゃない。とっくに小屋に到着していなければならない時間だ。探しに行こう」ブルーノはすでにヘリの出動要請を出しており、私をヘルンリ小屋でピックアップするつもりだった。

はて、と思いを巡らせた。ニノはフルグ氷河を歩いてきたのだ。自分がヘルンリ小屋に向かっている時、黒い霧の塊が見え稲妻が光っていた。ひょっとしてあの下にいたのではないだろうか？　ヘリの騒音が近づいてきて、ふと我に返った。ヘリが着陸して私を乗せた。周りはそろそろ暗くなってきたが、天気は先ほどより良くなっている。霧はほとんどなくなり、夜空に星が輝いていた。

真っすぐ氷河の方へ向かい、ニノが雪上車を降りた辺りへ飛んでいった。方向を間違わないように、パイロットは暗視装置を使って操縦する。フライトアシストがサーチライトを照らしている。その光の中にニノが見つかればいいが。スキーピステの方向に飛んでいったが、そちらはまだ霧がかかっており、ピステまでは行けなかった。まず、霧のないところを捜索しよう。

一時間後、少し休憩することにした。サーチライトの照らす光の輪は常に移動する。それを目で追いながら探すのはかなり疲れるし、平衡感覚もおかしくなる。重い気持ちでヘルンリ小屋まで戻った。ニノが歩いただろうと思われるほとんどの地域は捜索したが、何の手がかりもなかった。ブルーノはヘリによる捜索活動を始める前に、チェルヴィニアの山岳ガイドたちに助けを求めていた。霧の溜っている辺りを徒歩で捜索してくれるという。

そうこうしているうちに二十三時になった。ブルーノは「お前は明日仕事で早く起きるのだからもう寝た方がいい。私はチェルヴィニア隊の結果を待つ。それから、もう一度捜索に出るかどうか決める」と言う。別れを言って自分の部屋に戻った。部屋はツェルマット出身の他の三人の山岳ガイドとシェアしている。そのうちの一人は伯父のリヒャルト。なるべく音を立てないように静かに部屋に入った。大きなヘリの音にも関わらず、皆よく眠っている。夜中にプロペラの音を鳴らして捜索活動があるのは珍しいことではなく、ほとんどの山岳ガイドは慣れているのだ。睡眠が必要で周りのことなど構っていられない。

ベッドに入って眠ろうとしたが、行方不明のニノのことが頭から離れなかった。どうしたのだろう。氷河のクレバスに落ちてしまったのだろうか。発作でも起こって倒れているのだろうか。あるいは嵐から逃れるためにどこかに身を隠しているのだろうか。でももし逃げられなかったとしたら？　あの辺りのどこかで倒れて、助けを待っているのかもしれない。

じっと天井を見つめていた。窓が少し開いており、外からブルーノの声が聞こえてきた。ここは三階なのに、下のテラスに立ち、無線を使って徒歩で捜索しているチェルヴィニアの山岳ガイドと話しているのが聞こえる。イタリア語で、それもかなり大声で話していて、内容まで理解できた。ニノが見つかったようだ。詳細を理解しようと耳を傾けたとき、急に伯父が怒鳴った。

「人の迷惑を考えないイタリア人の登山者だな、うるさくて眠れん！」

今頃になってマッターホルン登攀から戻ってきた登山者がテラスでうるさくしゃべっているのだと、伯父は勘違いしたようだ。ほんとはツェルマットのレスキュー隊隊長が話しているのに、それが分からないようだ。突然、ベッドから飛び起きて、横に置いてあったミネラルウオーターの入っているペットボトルをつかんだ。何をしようとしているのか理解した時にはもう遅かった。声の主が誰か説明する暇もなく、伯父は窓を開け、ペットボトルは美しい弧を描いてテラスに落ちていった。

下から悲鳴と罵声が聞こえた。

「こんな夜中に、どこのどいつだ！　ボトルなんぞ放り投げて！」

だが、この声は伯父にはもう聞こえていなかっただろう。すでにベッドにもどり、頭から毛布をかぶって寝てしまっていた。窓から下をみると、パイロットがブルーノを助け起こしていた。へぇー、ちゃんと命中している、とびっくりした。ま、あんまりひどいことにはなっていないようなので、よかった。私はそのまま黙っていた。リヒャルトも他の山岳ガイドたちも睡眠の邪魔をされたくないだけで、私が説明するまでもないだろう。外も中も静かになった。少ししてから、ヘリが飛ぶ音がした。多分ツェルマットに戻っていくのだろう。

ようやく眠りについた途端に、起こされた。三時半だ。ほんとに短い夜だった。今日は長い一日になるだろう。リヒャルトが夜の静けさを邪魔されて不満だったのは分かる。しかし、私が話すまで伯父はこの夜の悲しい出来事について何も知らなかった。

霧の中を徒歩で捜索していたイタリアの山岳ガイドチームは、行方不明だったガイドを発見した。しかし、すでに手遅れだった。ニノは雪上車から降りて、フルグ氷河をヘルンリ小屋に向かって歩き始めるとすぐに雷に当たり、即死したようだ。

悲劇？　悲運？　宿命？　あるいは偶然そこにいただけ？

岩崩れ

Wenn Berge bröckeln

壮大にひらめく稲妻やセント・エルモの火など、魅了されて眺めることも多少あるが、大抵の自然現象を私は大きな懸念を持って注目する。一八八〇年ごろからアルプスの氷河は後退し続けている。降雪高度はだんだんと上がっていき、夏には標高三六〇〇メートルでも雨が降り、万年雪は融けていく。全ては世界的な地球温暖化が原因だ。もう数十年前から毎年暖かくなっていることに気が付いていたが、何といっても二〇〇三年の夏は異常だった。

アルプス、とりわけマッターホルンが世界中の注目の的になったのは、その年の七月のことだった。もう数週間も前から、中央ヨーロッパ全体に好天気が続いて、空気は乾き、気温が高い。一カ月前には標高四〇〇〇メートルまで雪が融けてしまった。二、三年前まではめったに四〇〇〇メートルを超えることのなかった凍結高度が、五〇〇〇メートルを超えた。マッターホルンの東壁は七月の前半までかなりの雪が残り、ヘルンリ小屋への道にも雪があるのが普通だ。しかし、この年は六月にはもう雪が全く解けてしまい、例年より早くシーズン入りの環境が整っていた。しかしながら、一般の人たちの夏休みは七月に入ってから始まる。スタッフたちとの労働契約期間もまだ始まっていない。小屋の営業は早めずに、例年通りスタートすることにした。どちらにしても重大な課題が残っていた。ヘルンリ小屋の周りに雪はすでに残っていない。水の供給はどうすればよいのか？

オープンまでまだ二週間ある。それまでに天候が変わってくれればいいが、と願うばかりである。

しかし営業開始日になっても太陽は輝き、暖かすぎる日が続く。見渡す限り、雪はない。夜にはもう宿泊客。地元の山岳ガイドが三人と、十人ほどの登山者が来る。水がなくては困る。さてどうしよう。高くつくが非常手段を取らなければならない。ツェルマットから一二〇〇リットルの水をヘリで輸送させた。一リットルの水が一スイスフランもする。料理に使うのにはまあいい。しかし、洗いものや掃除にも水が必要だ。これも非常時の一時的なのことだから仕方がない。山小屋に水がなくてはどうしようもない。この量で二日間は大丈夫だ。その後はまた、なんとか水を自給できるだろう。水の取り口に雪はないが、暖かい日が続くと氷河の融水を利用して少しは繋げる。期待に反し、その後も好天気が続く。予報を見ても変更の兆しはない。

雨が降らず暖かい日が続くという状態は、水不足だけでなく、もう一つの大きな問題を引き起こす。山での落石が多くなるのだ。岩石は永久凍土が糊のような役目をして山に貼り付いている。氷河が岩壁の下部を保持している。万年雪が氷河のクレバスを塞いでいる。温暖な日が続くとすべてが氷解していき、事故が増える。例年よりかなり多くの登山者が落石で怪我を負い、クレバスに転落した。

マッターホルンの異変にも気づいていた。西稜（ツムット稜）、フルグ稜、北壁の雪は完全に融けてなくなっていた。そうなると落石の危険が極端に高くなるので、登山者にはこれらのルートを登らないように注意した。

また、ヘルンリ稜、リオン稜、イタリアからのノーマル稜（イタリエーナ稜）の登攀にも、例年より注意を払う必要があった。ヘルンリ小屋にいても、昼夜を問わず落石の音が聞こえた。山が目覚め始めている。

そしてこの後、幸運な奇跡を体験することになる。

七月も半ばに入り、ハイシーズンの真っただ中だった。客は八十人。ヘルンリルートを登攀予定の山岳ガイド二十五人とその客たちに加え、二十人の登山者がいた。その日の朝は起床時間の前にも落石の音で何度も目が覚めていた。窓から外を見てみたが、暗くて落石の起こった場所を見分けることはできなかった。

マッターホルンの落石は珍しいことではない。しかし、特に今年のように気温の高い時には細心の注意が必要だと、全ての登山者が自覚している。山が絶えず音をたてていることに、誰もが気づいていた。それにもかかわらず、早朝、小屋から出発した時は落石のことなど皆忘れていた。どちらにしても危険というのはその場、その場で気付き、判断していくことだ。四時ごろには登山者たちも小屋を出発し、目前に聳える頂上へと向かった。その時点では、この日にこれから起こることを、誰も予期しなかった。

八時頃のこと。耳に響くほどの大きな音がした。私はちょうどヘリのネットに空きビンやごみ袋を入れていた。自動車ほどの大きさの岩が東壁を落ちていくのが見え、巨大な砂埃が立った。落石どころのものではない。岩崩れだ。

数分して砂埃が収まってから、望遠鏡で山を観察した。第二クーロワールの上部に横幅四、五十メートルの崩落跡が見える。その近くには幸運なことに登山者は見えない。皆すでにもっと上部を登攀中だ。この岩崩れはルートから外れた場所で起こったものではなく、まさにルート上で発生している。もしも時間帯がずれていたら大変な惨事になっていただろう。登攀中のザイルパーティーが数組いたら、と思うとぞっとする。

ヘルンリ稜では過去に何度もの大きな落石や岩崩れが発生している。山での自然災害だ。登山者が受け入れざるを得ないリスクであり、その結果がどうなるかも承知しているはずだ。今回はしかし、ルート上の出来事だ。下山してくる登山者たちにとって難儀な障害となる。山岳ガイドも登山者もこういう状況下でどういう行動をとるか、各個人が決めることだ。

小屋からでは詳しいことが分からず、第二クーロワールがどういう状態になっているか、はっきりと分からない。最初に下山してくる山岳ガイドが現場に到着すれば、必ず連絡してくるだろうから、それまで待つことにする。それからどういう対策をとるか考えよう。

山の上では百年来の異常な夏が大きな災害を引き起こしているというのに、ここヘルンリ小屋のテラスではスタッフがTシャツに半ズボンで、恒例のジャガイモの皮むきをしながら日光浴を楽しんでいる。

無線が鳴ったのは十時だった。地元の山岳ガイド、ジアーニからだ。

「ヘルンリ稜第二クーロワールの五十メートルほど上部にいる。大きな岩が崩れ落ちている」

ジアーニは崩壊箇所まで降りていき、詳しく観察してきたと言う。

「岩が剥《は》がれて、ルートはなくなってしまった。さらに岩崩れが起こる可能性もあり、ここを下山するのは命に関わるほど危険だ」

最大の問題は、ルートのちょうどこの部分が迂回できないことだ。となると、ガイドと客をヘリコプターで救い出す以外に方法がない。

「二十分で行く」と、答えてからエアーツェルマットに連絡を入れ、出動用の服装に着替えた。頭の中をいろいろな思考が巡る。今のところ、救助を求めてきたのはジアーニだけだ。しかし、後続する登山者たちが同じ箇所まで下って来たら、多分同じように連絡してくるだろう。そうなるとすべての登山者を救助するのに、何時間もかかることになる。

その日は七十人ほどの登山者が山の上部にいた。その全員が下山途中に思いもかけない困難が待っていることを、まだ知らない。中には、落石の危険があるにもかかわらず、第二クーロワールのルートをそのまま降りようとする者がいるかもしれない。そして危険な目に遭い、何か起こりでもしたら、私は何もしなかったことに、あるいは少なくとも注意しなかったことに、良心の呵責を覚えるだろう。救援活動をどう進めていくか、正しい判断を下すのは簡単ではなかった。とにかくまずジアーニと客を救出し、現場の状況を自分で詳しく観察してからその後の対策を決めることにした。

ヘリがヘリポートに着陸し、私たちはロープ救助の準備をした。この方法なら、必要に応じて一度に数人救助できる。私は三十メートルのロープの末端に、アンカー連結器をセットした。それは一個の金属製の輪に、長さ一メートルのロープを六本取り付けてあり、それぞれの末端にカラビナが付いている。その一つに自分の体を繋ぐとヘリは飛び立ち、ヘルンリ稜の下方にある第二クーロワール上空に短時間で到着した。上空からすでにジアーニとウルスがそれぞれの客と一緒に待機しているのが見えた。私は足が地に着くと同時にロープを外し、四人を六個のカラビナセットに繋いだ。ヘリはゆっくりと上昇して四人組を小屋に運んでいった。

その間に、現場を詳細に見渡してみた。実際、その辺りは何もかもが緩んでいて、さらなる岩崩れの起こる危険性があった。第二クーロワールをいつものように通ることは不可能だった。コリドーを通らず、稜線に沿って下降して途中からルートに戻ることはできるが、そうすれば安全だという保障はない。それに、すでに地元のガイドをヘリで救出している。例外なしに他の登山者たちも救い出すべきだろう。七十人ほどの登山者をすべてヘルンリ稜から避難させるのだ。パイロットに自分の決断を伝え、ヘリの追加出動を要請した。救出する人数が多いので、ヘリ一機だけだと時間がかかりすぎる。先ほど救出して小屋にいる同僚のガイド、ウルスにも応援を頼んだ。

先ほどのヘリが戻ってきた。ヘリから下がっているロープのカラビナに再び自分を繋ぐと、百五十メートルほど上部へ向かう。頂上から下山中の次の登山者を見つけたからだ。アンザイレンした三組六人のすぐ横に降ろしてもらった。準備が整うまでヘリは上空を旋回している。六人とも何が起こっているのか知らなかった。

「ルートの一部に大きな岩崩れがあり、通れなくなっている。それに落石の起こる危険性が大きい。マッターホルン登攀中の全ての登山者を避難させている」と説明した。

皆すぐに了解したので、ヘリのカラビナに繋ぎ、安全なところに運ばれていった。五分後に戻って来たヘリは再び私をロープで引き上げる。追加で要請したヘリもヘルンリ小屋に到着し、ウルスをロープに繋いで飛んできた。ウルスと役割を分担する。ヘルンリ稜の第二クーロワールからアルテヒュッテまでは私たちのチームが受け持ち、そこから頂上までの上部をウルスのチームに任せた。この受け持ち範囲の設定はレスキュー作業の安全を期するため非常に重要だ。ヘリ同士の衝突や救出作業が全て誤解なくスムーズにいくようにするためだ。次から次へとザイルパーティーがヘリで運ばれていく。意外にもヘリ救助が、無事に小屋に戻って来ることができる一番安全な方法だと、皆の意見が一致していた。

マッターホルンは世界に名を知られた山の一つだ。その山の一部が崩れて、登山者たちをヘリで避難させた、という出来事は報道関係者にとってもってこいの面白いニュースだった。何と早いこと！　まだ救出作業中だというのに、もうジャーナリストが独自のヘリで飛んできた。全てのレスキュー作業を空中とヘルンリ小屋から撮影し報道している。

一四時ごろに最後の登山者を救い出した後、念のためにルート上に誰もいないか、取付から頂上まで再確認した。

ウルスの仕事は終わり、ツェルマットに戻っていった。しかし、私にはまだ報道関係者が待ち受けていた。ヘルンリ小屋にヘリが到着し、エンジンが静かになるや否や、記者たちに取り囲まれた。ここ数年来、報道記事は社会に大きな影響を与えるようになっていた。これからの見通しなど、言葉によく気をつけて発表しなければならない。誤解され、間違った報道が流れることは絶対に避けたい。質疑応答に入り、正しく回答するように心がけた。マッターホルンは崩壊するのか？　私たちは今このヘルンリ小屋にいて危なくないのか？　この夏のシーズンにまだヘルンリ稜ルートを登ることは可能なのか？　地球温暖化が原因なのか？　ここ数年、山に何か変化があったことに気づいていたのか？

二時間後には各組織の代表が現場視察にやってきた。ツェルマット役場の代表、州からの地質学者、ヴァリス州自然災害部部長、ツェルマット救助隊隊長のブルーノ、そしてヘルンリ小屋の私が小屋に集まり、今後の対策を協議した。さて、どうすればいいのか？　ヘルンリ稜、あるいはマッターホルン全体を数日間、閉鎖するべきだろうか？　ルートの安全確保をどうするべきか？　どういう風に？　最終的な責任者を誰にするのか？　登山者たちの避難費用を誰が払うのか？　岩崩れの現場を復興させる場合、その費用は誰が負担するのか？

最初に取った措置は向こう三日間のヘルンリ稜の閉鎖だ。基本的にはこの期間、誰もマッターホルンにいるべきではない。国内だけでなく、外国からの登山者にも報道を通してこの情報は伝わるはずだ。イタリアのチェルヴィニアの山岳ガイド協会ともコンタクトを取った。イタリア側からの登山者にも閉鎖を知らせてもらう。イタリエーナ稜からの登攀、下山は可能ではあるが、ヘルンリ稜に来ないことを厳守してもらわなければならない。登山者がこの通達を絶対守ってくれるとは限らないが、信じるより仕方がない。もし、計画通りに全てが進めば、三日後にはヘルンリ稜のノーマルルートを再開できるだろう。

なんという不思議な雰囲気だ。ハイシーズン中の素晴らしい天気の一日だというのに、小屋はシーンと静まり返り、まるで幽霊屋敷のようだ。マッターホルンで岩崩れがあり、三日間登攀禁止になるというニュースが世界中を駆けた。全ての登山者たちは宿泊予約をキャンセルし、新規予約は入って来なかった。登山者たちからの問い合わせの電話は皆無になったが、報道関係者からの電話がひっきりなしにかかってきた。ニューヨークタイムズ、ロンドンタイムスなど多くのヨーロッパの新聞、ラジオやテレビのインタビューと分刻みでかかってきた。皆が一番知りたがっていたのは、マッターホルンはいつ崩壊するのか、ということだった。しかし、翌くる日になっても、ありがたいことに、山はまだ聳え立っていた……。

朝の九時、私たちはヘリポートでヘリの到着を待っていた。地質学者と、自然災害専門家、岩場保全のスペシャリスト、ブルーノと私で、第二クーロワールを迂回するルートを探すためだ。ヘリが到着し、私たちをロープに繋いで飛んで行き、現場近くの安全な場所に降ろした。ここからなら現場の周辺が良く見渡せ、これまでノーマルルートが通っていた第二クーロワールも直接観察できる。

長い討議の結果、これまでのルートを復活させるのは不可能だということで意見が一致した。現場付近には崩れそうな岩が多く残っており、それがいつ崩壊してもおかしくない状態だった。迂回する唯一の方法は、狭く険しいヘルンリ稜を真っすぐ下ることだ。そうなると、新しいルートを開拓することになる。そのためには、まず稜線上に残っている崩れた岩石を取り除き、百二十メートルほど下に見えるルートまで固定ザイルを取り付けること。ある程度の安全性を確保できるルートはこれしかなかった。

翌日には岩場保全の専門会社に仕事を依頼した。エアーツェルマットにフライトを予約し、百五十メートルの固定ザイルとザイルの支点となる鉄棒および接着剤を手配した。理想は一日で全ての仕事が終わること。そうすればヘルンリ稜ルートを再開する日も早くなる。

その日の午後はテラスで日光浴をして過ごした。見渡す限り誰も見えない。ただ、我々スタッフ四人だけ。三人は休暇中でいないのが幸いだ。昼食時でさえ、誰も来ない。一部の国ではヘルンリ小屋や小屋までの道さえ、岩崩れの恐れがあると報道している。もちろん、全く正しくない情報だ。岩崩れの石が小屋まで落ちて来ることはない。しかし、こういう間違った報道のせいで、小屋の商売は大きな損害を被る。こんな素晴らしい天気の日に誰もいないのが不思議な雰囲気を醸し出す。スイスの象徴であるマッターホルンの山裾に我々三人だけ、置いてきぼりにされたような感じだ。

幸いそんな静けさも長くは続かなかった。翌朝にはヘリが岩場保全チームを乗せて小屋までやってきた。数分後には、ヘリに繋いだロープに五人が吊り下がって上昇して行き、現場よりやや上部の比較的平らな岩棚に降ろした。ヘリは小屋に戻り、各種機材（ガソリン駆動のハンマードリル、ドリルビット、鉄梃《かなてこ》、大きなハンマーとピッケル）の入ったネットを吊り下げて来て、チームのすぐ横に降ろした。ヘリは作業が終わる夜まで必要ないので、ツェルマットの基地に戻っていった。

まず、大きな鉄梃を使って、ヘルンリ稜上のぐらついている岩を剥がす。ザイルで安全を確保してそれぞれの受け持ち区域に分かれ、岩を一つずつ入念に確認していく。その際に、剥がした岩に当たる危険がないように、自分の下に絶対に人がいないことに最大の注意を払う。今朝、小屋の前の看板に「ヘルンリ稜閉鎖」と三カ国語で書いてきた。更に、念のために、除去作業が終わるまで絶対に誰も登ってこないように、ケヴィンに見張りをさせた。実際にはマッターホルン全体が閉鎖されており、誰も登って来ないはずなのだが、百パーセントの保障はない。

四立方メートルほどの大きさで、重量数トンの岩を鉄梃で剥がした。岩は大きな音を轟かせて、一部は東壁をフルグ氷河に、他は北壁をマッターホルン氷河に落ちていった。仕事ははかどり、昼前には稜線上のぐらついている岩をすべて取り除くことができた。ケヴィンはもう見張り役をしなくともよい。作業は終わり、もう石を上から落とすことはない。作業中、何度も携帯電話が鳴り、邪魔された。仕事を続けながら、ライブでインタビューに答えていたのだ。正しい回答ができるように心がけた。この調子で進んでいけば、夜までには終わるという見通しがつき、インタビューを利用して情報を流した。

「ヘルンリ稜は今晩より再開する」

山岳ガイド協会、ツーリストセンター、村役場の関係者、山岳交通機関にも情報を伝達した。

午後になって固定ザイルの設置にとりかかった。まず、ハンマードリルを使って、岩に直径二十七ミリ、深さ五十センチの穴を十五メートル間隔で、穿けていった。その穴に二剤混合型接着剤を注入し、鉄棒を固定していく。最後に直径二十二ミリの太いザイルを稜線伝いに並ぶ鉄棒に繋ぎ留めていく。この百二十メートルほどの区間は、クライミングの技術があれば、固定ザイルなしでも克服できる。しかし、皆がそうとは限らないので、ハイシーズンのまだ暗い早朝時など、かなりの停滞が起こると想像される。それが固定ザイルのおかげで、かなりスムーズに通過できるだろう。

安全を施す作業は終わり、ヘルンリ稜は再び登れるようになった。しかし、登攀ルートに、例えばハイキングコースに必須とされているような安全性を施すことは不可能である。階段を作る訳にはいかない。高山のクライミングルートは、登山者だけに開かれている。いくら固定ザイルをつけたりして危険性を低めても最終的には、登山者に自己責任がある。

使用したすべての道具類を再び吊り上げ用のネットに詰めこんだ。エアーツェルマットにエアータクシーを頼む。私は小屋に、他の業者たちはツェルマットまで飛んでもらう。疲れたが問題が解決した安堵感が嬉しかった。一日、二日のうちに、小屋は再び繁盛するだろう。

幸運なことに、今回の岩崩れは大きな事故にならなくてすんだ。時間がずれていたら、大変な災害になっていたかもしれない。登山の目的は頂上ではなく、きちんと谷に戻ってくることだということを、再確認させてくれた。

秋の気配

Die Schatten werden länger

二日前から小屋はあまり忙しくない。天気が悪くなり、客は来ない。夏はそろそろ終わりに近づいている。夏休みの間、小屋で私たちと過ごしていたケヴィンも村に戻り、二週間前から登校している。

私もこの機会にツェルマットへ下りて行って、数カ月間できなかった村での用事をすませることにした。家に着いて、まっ先に気付いたのは、小屋の生活が近代文化から何と遠く離れているかということだ。机の上には、早く処理しなければならない書類や請求書、郵便物が山積みになっている。その他諸々の義務と、早くも社会の規則や形式の網に捕えられる。たった二、三カ月、現代の文化システムから離れていただけなのに、信じられないぐらい多くの仕事が溜まっている。でも全て後回しだ。未処理の書類がいくらあっても、私の足はまず浴室に向かい、絶対に今、したいことをする。水量を気にしないで、お湯をジャージャー出しっぱなしにして、シャワーを浴びること。小屋ではシャワーは週に一度と決められている。それも出来るだけ少ないお湯ですませる。体を濡らす、お湯を止める、石鹸をつけて洗う、さっと流す。シャワーと呼べるものではない。だから今、お湯を出しっぱなしにしてシャワーを浴びるのは、ものすごく贅沢なことだと感じるが、もったいないという気持ちはない。

村に下りてきたらもう一つしたいことがある。レベッカとケヴィンと一緒にツェルマットの美味しいレストランで夕食をとることだ。小屋番をしていると、そういったごく普通のことが、大事になってくる。天気予報は明日からの数日間、良い天気が続くと報じている。また、小屋に戻らなければならない。

朝早く出発した。その方が気温が低く、気持ちよく歩けるからだ。そしてまだ誰も歩いてなく自分一人の道になる。九月二日だったが、シュヴァルツゼーでゴンドラを降りると、地面は凍っていてその上に二センチほど新雪が積もっていた。気象的には秋が始まったとはっきり感じる。日は短くなり、太陽光線は低くなっている。日毎に影は長く、空気は冷たくなっていく。植物の色も変わっていく。天気が良ければ、この時季、山は一番美しい。いろいろな思いを巡らせながら、ヘルンリ小屋までの長い急な道を登っていく。

運が良ければ、後二週間ほど小屋は繁盛するだろう。しかし、次に天気が悪い日が続くと、ヘルンリ小屋の営業は急激に終わる。例年のことだが、秋は予測を立てることがとても難しい。ヘリで物資を輸送させるときは満杯にしないと、一キロあたりのコストが高くなる。いっぱい注文した後に、天気が悪くなると、食料品を再びツェルマットに返送することになる。読みを誤ると大損をするポーカーのようなものだ。私たちの相手はポーカーフェイスをしたお天気様なのだ。

これからの二、三週間、私は毎日、天気予報を詳しく見ていく。特に大西洋西部の低気圧領域を衛星写真で注目する。そうすれば十日ほど後に、ここがどんな天気になるのか、およそ見当がつく。

小屋までの凍った登山道を歩いている間、様々な思いが頭を横切る。もうすぐヘルンリ小屋の夏シーズンは終わる。運良く好天気が続けば、九月は山が一番綺麗な時だ。夜は山岳ガイドとその客がいるだけで、ガイドを伴わない登山者はいなくなる。小屋の営業は楽になり、慌しさはなくなる。マッターホルンにもある程度の静けさが戻る。ガイドなしで登って、ルートを間違ったり、落石を起こしたり、夜遅くまで山から戻れない登山者がいなくなるからだ。夜になっても帰ってこない等の家族からの問い合わせも無くなり、捜しに行く必要もない。毎年違った秋を楽しみにしている。

だが、早々と八月の末に天候が悪くなってしまうと、小屋を閉めるまでしばらく、面倒なことになる。気象条件が良くなり、登山の環境が揃うのをただ待って、小屋を開けているのはとても厳しい。九月の中旬まで小屋を閉めるわけにはいかない。それを過ぎれば天気が悪いと、営業を停止することができる。私が小屋番として働いた過去十六年間で、九月のお天気が素晴らしく、十月の初めまで営業できたのはたった一度だけだった。

ゴンドラ駅を降りてから、一時間足らずでヘルンリ小屋に着いた。今日の宿泊客は少ないが、明日から毎日八十人ぐらいの予約が入っている。九月に小屋が満室になることはない。余裕のある時間を利用して、ステファニーとマルティーナは部屋の一部を閉め、冬の準備を始める。五十人分の宿泊施設を掃除して片付ける。それでもまだ百二十人は宿泊できる。九月の客には十分の数だ。その間、私は倉庫に行き、不足している物質を書き留めていく。ステファンとその後の料理について相談し、彼が購入を希望する食品もメモする。ディーゼル油やガスの残量もチェックし、最後に全ての重さを合計する。明日、エアーツェルマットに輸送を予約しているが、七百キロを超えてはならない。

電話で注文が終わった後、ゴミを整理する。いつの間にか、小屋の裏はゴミの山になっている。ヘリが戻るときに毎回持って行ってもらうのだが、満載で積み切れず残ってしまったのだ。明日、注文品を持ってきてもらった後、大きなネット二つにゴミを入れて、ツェルマットまで持って帰ってもらう。二日間留守にしていたので、ヤスミンに誰かマッターホルンに登攀中の登山者がいるかどうか尋ねた。

「ここからは誰も出発していないわ」

これから数日間の天気予報は良いのだが、壁の状態は最良ではない。小屋の夏はそろそろ終わりに近い。少数だが、もちろん年間を通して山に登る登山者はいる。特に冬を選んで登る人もいる。山にほとんど他の登山者がいないからだ。だけど、そこが問題なのだ。冬の日は短くなり、マッターホルン登攀にも夏より長い時間がかかる。岩には雪と氷があり、難しく危険だ。冬期登山は、経験豊かな登山者だけに開かれている道だ。しかし残念ながら、全てのアルピニストがそれを良く理解しているわけではなく、繰り返して事故が起こる。レスキュー隊はそれ故、年間を通して出動体制を整えていなければならない。山の救援者にシーズンオフはない。

誤ちは気を許した時に起こる

Wenn es einfach ist, wird's gefährlich

ヘルンリ小屋が閉まっている間、私は山岳ガイドとして働いている。スキーツアー、オフピステスキー、ヘリスキーなどの案内だ。しかし、そのガイド中にも時を構わず緊急電話がかかってくる。お蔭でヘルンリ小屋への「訪問」が、自分の意思に関わらず実現することになる。

春だった。天気は最高。ツェルマットのシュトックホルン（三五三二メートル）で、膝までのパウダースノーを夫婦客とスキーしていた時だ。電話が鳴り、スイス人が息子の行方が分からないと言う。「息子は友達と、二日前にマッターホルン北壁の登攀に出かけた。計画によると今日、帰宅するはずなのに戻って来ない。連絡もないし心配している」二人の名前と父親の電話番号を訊いて、メモした。「状況を調べてみる。何か分かったらすぐに連絡を入れる」

数本の電話をした後、情報をつかんだ。エアーツェルマットのパイロットが遊覧飛行をしているときに二人を目撃していた。二人と話した山岳ガイドもいて、マッターホルンの北壁を登攀したスイス人に間違いないと言う。「十分ほど前に頂上にいた。無事だよ。ヘルンリ稜を降りて、今日中に帰宅できるといいが、と言っていた」

その山岳ガイドは二人の名前は聞いていなかったが、その方言からスイスのどの地方出身の人たちか分かっていた。父親からの情報と一致する。行方不明の息子はこの二人のうちの一人に違いないと判断した。すぐに父親に電話を入れ、安心させた。もちろんこの良い知らせに大喜びし、私の方も一件落着。客とスキーを再開した。この夫婦はもう数年来の常連客だ。これまでにも、ガイド中に何度も緊急レスキューのためにガイドを中断しなければならなかった。二人はもちろん理解を示してくれるが、やはりあまり頻繁でない方が嬉しいに違いない。しかし、今回はあまり運がよくないようだ。一滑りしたところで、また携帯電話が鳴った。緊急センターからで、ヘルンリ稜の固定ザイルの箇所で事故が起きたと言う。

「四三五〇メートルで重傷者が一人」

「二、三分後にガントの谷駅でピックアップしてくれ」と報告後すぐに、パイロットのゲロルドから無線が入り、自分の現在地と風の状態を聞いてきた。パイロット、医者、フライトアシストを乗せた「ラーマ機」は私のすぐ横に着陸した。チームを乗せたヘリはマッターホルンに向けて飛び立った。私が必要とする装備は常にエアーツェルマットの基地に準備されている。もちろんそれも搭載済だ。

まず、まだ冬眠中のヘルンリ小屋のヘリポートに、いったん降りた。必要のない物資を降ろす。標高四〇〇〇メートルでは一キロでも軽い方が良い。自分は救援用の装備に着替え、無線が通じるかどうか確認する。普通、医者はヘルンリ小屋で待機する。しかし、今回は緊急連絡してきた者から、重傷者がいると報告を受けている。必要な時にすぐ飛んで行けるように、医者も同乗する準備をする。怪我の程度によって、患者を現場で手当てしなければならないからだ。

ヘリは飛び立ち、ヘルンリ稜から北壁の上を固定ザイル始点の高度まで上昇していく。クロイツザッツに二人が見える。ゲロルドは直行しフライトアシストがウインチで私を降ろす。上空からでも一人が重傷だということが分かる。現場に降りると、辺り一面血だらけだった。もう一人の方は、怪我はないがショック状態にあり、怯《おび》えた顔で私を見つめる。震え声で緊急連絡したのは自分で、仲間が重傷で話もできない状態だと言う。話し始めてすぐ、この二人が北壁登攀を済ませて、ヘルンリ稜を下山中のあのスイス人クライマーだと確信する。メモを見て、重傷を負っている方が、あの電話をかけてきた父親の息子だと分かった。さっき、電話で「息子は無事だよ」と喜ばせたばかりなのに。事態は急転してしまった。重傷者の方の状態を詳しく観察している間に、仲間がたどたどしく事故の状況を話す。

「マッターホルン北壁を登攀した後、二人とも疲労困憊していた。北壁に予想していたより時間がかかり、体力を使っていた。しかし、ヘルンリ稜ルートの下山には問題ないはずだった。甘く見ていたのかもしれない」

　固定ザイルの箇所で仲間はバランスを崩し、岩棚を超えて十二メートルほど滑落し、下の鉄棒の上に落ちたのだった。以前固定ザイルを止めていた鉄ピンだ。下腹部に鉄棒が突き刺さっていた。患者の反応はなく、重傷だ。至急助けが必要だと判断し、ゲロルドと連絡を取った。

「すぐに医者が必要だ」

　医者が来るまでに少しでも楽になるように患者の体勢を変えようとしたが、難しかった。幸運にも、ゲロルドがもうすぐ医者を連れてきてくれる。ウインチロープで下された医者を迎え、鉄棒に繋いで安全確保した。怪我をしていない仲間の確保も確認した。私たちは急斜面の危険な所に立っている。少しでも動きを誤ると滑落の恐れがある。

　まず、医者と協力して患者を鉄棒から外した。良くない状態だ。ゆっくりと注意深く、患者をバキュームマットレスの上に横たえる。医者がすぐボディチェックを始めた。この時点で患者をどこかの病院に搬送しなければならないと判明したので、ヘリをもう一機注文した。ヘルンリ小屋に待機して、患者の応急手当を施すためだ。患者は下腹部だけでなく、頭部にも重傷を負っており、頭蓋骨脳外傷もある。

「骨盤骨折の可能性もあり、それによる内出血の恐れもある」と、医者が付け加える。とにかく早急に人工呼吸を始め、気管挿管を行うべきだ。

　風と天候状態は良く、患者と共にこの高みに閉じ込められることはない。人工呼吸バッグを使って若いスイス人を呼吸させている間に、医者は循環機能を健診している。遠くにヘリの音が聞こえる。ＥＣ

135機だ。完全な緊急医療器具を備えていて、重量があるので標高の高い所ではなかなか使えない。普通は病人の運搬に使っているヘリだ。無線で連絡する。

「ヘルンリ小屋の上部、グラートシュトックに着陸して待ってくれ」

安全に運搬できるように、バキュームマットレスに横たわっている患者をベルトで固定する。一人は常に人工呼吸バッグを扱っている。さあ、準備完了だ。

「患者は気管挿管済みで、担架に乗せている。医者と一緒にここから脱出させる」

「オーケー。五分で着く」

ラーマ機のウインチは一人用なので、今回は二人ロープにぶら下がったままで飛んでいくことになる。その間に医者はEC135の医者と連絡を取り、情報を流す。ベルンの大学病院に搬送することに決定したようだ。ヘリ飛行で三十分かかる所だ。二人をロープに繋ぐと、ゲロルドはヘリをゆっくりと上昇させ、小屋へと飛んでいった。そこで患者をEC機に運び入れ、医療器具に繋ぐと、ヘリはすぐ出発していった。

さて、残った私は、今でも怯えているもう一人の登山者の横に立っている。父親に何と言えばいいのだろう。先ほど、無事だよと安心させたばかりだ。あれから二時間しか経っていないのに、状況は劇的に変わってしまった。息子は命に関わるほどの重体だ。

多くの悲劇が詰まっているこの状況を考える。しかし、そんな思いにふけっている時間はない。ヘリが私たちを迎えにきた。ひとまず私たちもヘルンリ小屋のヘリ発着場に着陸した。重傷者の友達はショックを受けているが、現実を把握していた。パートナーの友達の状態が良くないことは理解している。

「お父さんに電話するよ」と言ったら、「いや、ここは私が自分で電話します。お父さんもよく知っているんです。私には電話する義務があると思います」と断った。

彼を一人にして、私たちはヘリに戻り、救援装具を積み込んだ。しばらくして戻ってきたので「どうだった？」「驚いていました。少し前に私たちの様子を問い合わせて、無事だと言われたばかりだったから」私は頷き、憂鬱な気持ちで、「それで？」

「とても心配して、すぐにベルンの病院に駆けつけると、と言っていた」若いスイス人は不運を嘆く。「マッターホルン北壁の登攀に成功して頂上で喜び合ったばかりなのに、なんということなんだ」私には彼の気持ちがよく分かる。

「誤ちは、あっという間に起こる。それもたいていは、難しくない簡単な所で起こる。集中力は低下し、注意力が散漫になるからだ」こんな言葉はほんのちょっとした慰めだろう。しかし、誰も意図的に失敗する人はいない。このような悲劇的な事故の場合、救援者は基本的に誰も責めない。ただ、結果が良くなるように祈るだけだ。しかし、残念ながらいつも良い結果で終わるとは限らない。

翌日、重傷だった若いスイス人は夜中に亡くなったと聞いた。このニュースはしばらくの間、自分の頭から消えなかった。患者とその家族には、本当に心から全て良くなるようにと願っていた。私たちレスキュー隊はできる限りのことをした。にもかかわらず、最悪の事態を避けられなかった。救援者にとっても厳しいことだ。私たち救援者は、だから時々その義務から離れて、頭を休めなければならない。休暇でここを離れるのが一番良い。とはいっても、義務にかられてそれが難しいこともある。

バカンス旅行

Italien muss warten

ツェルマットの長くて寒い冬を過ごした後は、レベッカもケヴィンも私も、暖かい気候が恋しくなる。春のバカンスには、イタリアのサルデーニャ島でロッククライミングをして二週間過ごす計画を立てた。もう明日がその出発日。車でジェノヴァまで走り、フェリーに乗って島に渡る。

フェリーは予約済で、二十時にジェノヴァ港を出航するから、ここツェルマットを遅くとも十六時には出発しなければ間に合わない。二週間留守にすることを救助隊隊長のブルーノと緊急センターに通知した。翌朝、荷造りをして旅行の準備をする。ちょうど、クライミング装備をまとめている時、無線機から「マッターホルンの救援活動にまだ二人必要だ」と聞こえてきた。

しかし、私はもうイタリアのバカンスに行ったようなもので、いないことになっているのだから関係ない、と反応しなかった。その直後に、ブルーノから電話があり、「ひょっとして、このレスキュー作業を助けてくれる時間はないかなあ?」

時間を見ると、九時四十五分。「いや、それは」と口を開ける前に、ブルーノが続ける。「登山者は二人、女性一人と男性一人。ヘルンリ稜の四一〇〇メートル辺りで動けなくなっている。視界が悪く、ヘリでの直接救助はできない。この後も悪天候は続くようで、大雪の予報だ」

そういう状況だと、天気の回復を待ってヘリで救出するわけにいかない。四人から六人の人手をかけ、大雪になる前に遭難者を山から救出しなければならない。救助隊はできるだけ上部までヘリで飛び、そこから先は徒歩になる。作業には、数時間はかかるだろう。

「ブルーノ、悪いけど行けないよ。今日の午後、遅くとも十六時には出発しないと、間に合わないんだ」

多分、その時間までには帰って来られない可能性が高く、フェリーに乗り遅れることになる。

「誰か他の人を探してくれるとありがたい。でももし誰も見つからなくて、どうしても、ということになったら、なんとか行けるようにするよ」

隊長は理解を示し、「それなら四人でまずやってみる。でも、もしもの時のため、無線を切らないでおいてくれ」と言って、電話を切った。

その直後、すでに十時になっていたが、ヘリが飛び立つ音が聞こえ、マッターホルンに向かって飛んでいくのが見えた。パイロットのベルンハルトはまずヘルンリ小屋に着陸した。無線のやりとりから全ての進行状態が手に取るように分かる。ブルーノとフライトアシストが先に到着し、現場の様子を観察した。隊長はすぐに救援者を二名、追加要請した。ヘリは二人の救援者をピックアップするために村に戻ってきた。天候は安定していない。ヘルンリ小屋が霧に包まれて全く見えないと思った次の瞬間には、三九〇〇メートルまではっきりと見える。いつ霧が出現するのか予測できない。小屋では救援者とヘリ・クルーが救助作業の準備をしている。ベルンハルトが二人の救援者とフライトアシストを乗せて、なるべく現場に近いところまで飛んで降ろそうとする。何度か試みるが、その度に霧に阻まれてうまくいかない。いったん、小屋に戻って霧が晴れるのを待つことにしたようだ。

自分もいろいろと考えを巡らせる。小屋から歩いて現場まで登るのは無理だ。ヘルンリ稜には雪が多く残っており、遭難者のいる所まで辿り着くのに時間がかかりすぎる。ヘリが飛べるようになるまで待つより仕方がない。

三十分後にベルンハルトは再びヘリをスタートさせた。今回は標高四〇〇〇メートルのソルヴェイ小屋まで飛んで行けた。遠くに見える遭難者たちは緊急に救助してやらなければならない状態だ。二人はルートから遠く外れた雪の上にいる。パイロットは救援者たちをロープでソルヴェイ小屋に降ろそうとした。しかし、再び霧が濃くなり実行できない。また、小屋に引き返すことになった。

パイロットは視界がないとヘリを飛ばせない。悪天候時の計器飛行は、高度を飛ぶ旅客機には利用されるが、山では不可能だ。山間を飛ぶヘリコプターのパイロットは、参照できるポイントを見ながら操縦する。霧に包まれたりすると、乗組員全員が大変な危険に陥ることになる。霧がない間に安全に帰途につけるようにする―それが、絶対に守らなければならない原則だ。

その時の状況は本当に極端に悪かった。霧が再び濃くなり、ベルンハルトは小屋に引き返さざるを得なかった。二人の救援者も再度ヘリから降りるが、やるせない気持ちだ。ヘリは給油のためにツェルマット基地に戻っていく。ブルーノと三人の救援スタッフは小屋で待機。そうしているうちに小屋まで霧に包まれたようだ。ブルーノがパイロットに指示している声が聞こえる。

「小屋も霧の中だ。ヘリポートで待機するように」

いや、これは困難なことになってきた。でも、今回は自分が救援者として行っていなくてよかった。

時々、窓から外を見て、天候状態を観察した。今のところ、マッターホルンの上の方は霧が薄れてきているが、小屋の周りはますます濃くなっている。まずい。救援チームが濃い霧の中に閉じ込められ、遭難している登山者の周りの霧は晴れてきている。家にいたが、居ても立っても居られなくなった。困難に陥っているチームを放っておくわけにはいかない。同僚のフェリックスに電話した。シーズンオフで、他の山岳ガイドたちは皆もう休暇に出かけてしまい、まだ村にいるのは我々だけだ。エアーツェルマットの基地で二十分後に会おうと約束した。その頃に山の上部の天候が良くなっていれば、少なくとも私とフェリックスの二人が出動できる。他の救助隊は霧に包まれたヘルンリ小屋に閉じ込められたままだ。パイロットとブルーノにその旨を伝えた。複雑な心境をかかえながら自転車でヘリポートに向かった。レベッカとケヴィンはもちろんご機嫌斜め。すでに昼になっており、私たちを乗せずに出航していくフェリーが目に浮んでいるようだ。私自身はそんなことは忘れてしまい、頭は救助作業でいっぱいになっていた。どういう風に救出するのが一番良いのだろう。

ヘリで出発することに決め、十分後には最初のフライトで三七〇〇メートルまで上昇することができた。

「オーケー。いいだろう。ここで降ろしてくれ」

上の方はまだ状態が悪い。二人の遭難者のいる場所から四〇〇メートル下だが、ここから救出作業を始めることにする。まず私がヘリからウインチザイルで降りた。ヘリは施回上昇しながらウインチザイルを回収する。その時、突然、行動不能になっている二人の辺の霧が晴れた。パイロットはヘリを上昇させている。もっと上部にフェリックスを降ろそうとしているのだろう。実際、フェリックスは二人の登山者のすぐ横に降りることができた。フェリックスが女性の方をウインチザイルに繋いでいるのが、四〇〇メートル下から見える。次いでベルンハルトは、大きな弧を描きながらヘリを山から遠ざけると同時に、女性が吊り下がっているウインチザイルを機内に引き込んでいく。まず一人が無事に救出された。ヘリはさらに男性の救出を試みる。

辺りを見回した。天気がだんだん悪くなっている。男性の居場所の十五メートルほどでホバリングしていたヘリが、不意に霧に囲まれて、私の視界から消えた。危ない、大丈夫かな、と心配していると、ベルンハルトから連絡が入った。

「下の方の霧はどうだ？　ヘリは全く霧に包まれて、身動きがとれない。この霧は、どのぐらいの厚さがあるのだろうか？」

「多分七十メートルぐらい。その下はクリアで視界も良好」

それから全てが急展開していく。ヘリは急降下して霧を突き抜けた。私は息を止めて見守る。ヘリの下に二人目の登山者が吊り下がっている。好運だった！　大変なことになるところだった。

ヘルンリ小屋周辺の霧はなくなり、ベルンハルトは無事小屋に着陸した。私たちのいる山の上部の天気はますます悪くなっている。フェリックスと私は霧の中に消えている。雪も降りだして、何もかもが良くない状態。無線機が呼んでいる。

「こちらベルンハルト。すぐには君たちを迎えに行けない。まず登山者二人を、ツェルマットに降ろし、続いて、ブルーノの救助隊を降ろす」

救助隊の隊長が口をはさむ。「助けが必要？　それとも自力で降りて来られるかい？」

フェリックスと私は、すでに作戦を立てていた。フェリックスは上から下り、私は反対に登って行く。

二人一緒ならなんとか小屋まで降りていけるだろう。「大丈夫だ。助けにきてもらうには遠すぎるよ」

「オーケー。じゃ村に帰って、そちらからの無線連絡を待つ」

登り始めたが、雪が膝まであり、なかなか前に進めない。アイゼンをつけた足で急傾斜している岩場を確実に登るのは容易なことではなかったが、失敗は許されない。ゆっくりと登って行って、百メートルほど上部にある標高三八〇〇メートルのアルテ・ヒュッテに辿り着いた。フェリックスも苦労していた。この状態で普通に降りるのは危険すぎるので、ザイルの長さだけ懸垂下降している。

霧はツェルマットのすぐ上まで下りてきて、村では雨が降っている、とブルーノから知らされる。最悪。サルデーニャ島での休暇はこんな天気じゃないよ。さらに標高三九〇〇メートルのゲビスまで上っていき、そこでフェリックスを待つ。長くはないだろう。彼もすぐ来るはずだ。予報通り暴風雨前線がやってきて、激しい雪になり、気温も下がってきた。だからと言って、この身の不運をどう処理しようというのだ。全てポジティブに考えればいい。少なくとも二人の遭難者を救出して、問題が一つ減っているじゃないか。ようやくフェリックスが降りてくるのが見えた。

時間は午後三時。私たちは激しい雪と悪天候の中、三九〇〇メートルの所にいる。ヘルンリ小屋までの全ルートを懸垂下降していくとなると、まだ数時間かかるだろう。ジェノヴァ港を出航していくフェリーが頭をかすめる。幸運にもフェリックスと私は二本の六〇メートルザイルを持ってきていた。ザイルを使って懸垂下降をする時、一度に下降する距離が長ければ長いほど、足場を探す時間が節約できる。困難の中のちょっぴりした慰めだ。降雪はますますひどくなり、ザイルは濡れて重くなる。厄介なことをこなして、のろのろと下降していく。その間に時々、ブルーノから連絡がある。

「ツェルマットの天気はどうなんだ?」

「ひどい。どしゃ降りだよ。シュヴァルツゼーの下、標高二五〇〇メートル辺りまで雪が降っている」

スイス連邦気象台によると、この悪天候は、今後二日間は続くという。

「ヘルンリ小屋に到着次第、連絡をいれるよ」

もちろんレベッカにも連絡して、現状を説明しなければならない。私が悪天候の中を難儀しながらヘルンリ小屋に向かっている間、レベッカとケヴィンは荷造りが済んだスーツケースを前に座って待っている。

「残念ながら、バカンスへの出発は一日延びる。明日のフェリーを三人分予約しよう」

「とにかく無事に家に帰って来てください。気を付けてね」とレベッカに励まされた後、フェリックスとザイルを組み、一ピッチ、また一ピッチ、ゆっくりと懸垂下降を続けた。進むに従って、服はますます濡れてくる。ザイルを引いても、濡れて固く締まってなかなか外れない。その度に私かフェリックスのどちらかが引き返して外しに行く。

三時間後にようやくヘルンリ小屋に到着した。服はびしょ濡れだ。しかし、小屋は閉鎖中で、誰もいないし暖房も入っていない。暖をとれないのに長いことといても仕方がない。エアータクシーに期待を寄せてブルーノに電話を入れるが、「シュヴァルツゼーまで飛ぶのも無理。ツェルマットの村も完全に霧の中だ」と言われた。

ということは、さらに二時間かけて、膝まである雪の中をシュヴァルツゼーまで下りていくことになる。

「じゃあ、せめてシュヴァルツゼーから村まで歩かなくともいいように、何か手配してくれないか？」

「考えてみる」

ほんとにそれぐらいしてくれてもいいだろう！　フェリックスと私は十分頑張った。濡れて重いザイルは小屋に置いて、下り始めた。シュヴァルツゼーのゴンドラ駅で誰かが迎えてくれるのを心の中で期待した。私の願いが聞こえたのか、一時間後にブルーノから連絡が入った。「雪上車を手配した。クリスチャンが運転して、小屋にいく途中の金属階段の箇所まで行く」

ああ、良かった。それから一時間後、二十時近くになって階段を降りていくと、嬉しいことに「タクシー」が見えた。ツェルマットまで歩く必要がなくなり、ほんとうに助かった。ピステに沿ってトロッケナーシュテックの山頂駅に向かう。豪雪と濃い霧の中で何も見えず、まるで目をつむったような運転だった。クリスチャンは道を間違えないように、何度も方向確認をしながら進んだ。頂上駅に雪上車を置いて、ロープウェイでツェルマットまで降りた。今回の救助活動について皆にお礼を言いたい。私たちを迎えに来てくれたクリスチャン、山での大きな協力者となったフェリックス、勇敢なパイロットのベルンハルト、全ての人に感謝したい。ブルーノに村に到着したことを報告し、さらに付け加えた。

「じゃあ、今から二週間、私は本当に居ないからね」

隊長は笑いながら、「では、良い休暇を」と言った。

二十二時頃、くたくたに疲れお腹を空かせて家に帰ってきた。しかし、家の中は旅行のために片付けてしまい、冷蔵庫も空っぽだ。翌日の十二時にはジェノヴァから船に乗る。美味しいイタリア料理はそれまで、しばしお預けだ。

「約束する。今、この瞬間から無線は切る。何が起こっても関係ない。明日は休暇に出発しよう」

終わりよければ全てよし、とは限らない

Ende gut, nicht alles gut

まだ休暇について考える時期ではないが、もうそれほど先のことでもない。登山シーズンは大きな歩幅で終わりに近づいている。九月は山小屋を営業する最後の月。でも山の状態は良く、好天が続いている。週末に趣味の山登りをする人たちにも好条件。山岳ガイドにとって秋に良い天気が続くのは、二週間、いや三週間あるかもしれない追加収入を意味する嬉しいプレゼントだ。マッターホルン登頂の夢をシーズンの終わりに叶えたい、という客は多い。人が少なくなり、山が静かになるからだ。

この先三日間はまだ夏の終わりの好天気が続くだろう、との予報だ。しかし、その後は急速に天候が悪くなるようだ。大西洋上に低気圧があり、スペイン方向に向かって動いている。悪天候は地中海をジェノヴァに向かって動く可能性もある。いわゆる「ジェノヴァ低気圧」に発展するかもしれない。そうするとスイス南部に豪雨が降り、その後、強風が吹くのだ。

夏が終わりに近づいているのは、ホテルの予約状況を見ても明らかだ。週末の予約は、悪天候の予報があると、キャンセルされたり、早めの日にちに変更されたりする。マッターホルン登頂が叶う最後の

チャンスを逃がさないためだ。私たちはシーズン終わりのラストスパートの準備にかかる。今日から数日間、一日百人以上が宿泊する。九月にふさわしい数字だ。食料品はこの週末まではなんとか足りるだろう。その後のことを考えて注文の予定を立てる。天気予報が当たり、本当に天気が悪くなって山小屋を閉めることになるのなら、そんなに注文する必要もない。しかし、低気圧がスイスを通り越し、シーズンがまだ終わらないのなら、来週の初めには生活用品の運搬を手配しなければならない。どちらにしても、木曜日になって週末の新しい予報を聞いてからでないと、決定はできない。

日は短くなった。日の出は遅くなり、夜は早く暗くなる。今、九月の中旬に登山者を起こすのは朝五時。それより早く起こすと長時間真っ暗な中を登って行かなければならず、登攀がますます厳しくなるからだ。太陽が出ていれば、日中は暖かくTシャツでも外で座っていられる。しかし、日陰ではかなり寒く、地面は凍っている。この標高における九月の典型的な状態だ。

毎年のことだが、秋になると水が不足する。太陽光線は低く、日照時間も短い。それで取水口のまわりにある雪が融けるのは日中のほんの数時間だけになる。午後、日陰になると一時間で全て凍ってしまう。再びこの氷が溶けて、取水口に水が流れるようになるのは、あくる日のお昼だ。七月、八月の客が多いときでも、天気が良ければ、現在の九月のような水不足はない。今は水の使用量を最低まで減らして生活している。水槽はほとんど空っぽだ。毎日、一滴でも水を集めようといろいろ工夫している。それに、いつものように、節水だ。水の使用は徹底的に制限し、なんとか週末までもたせたい。

秋は同じことの繰り返しだ。私は一日に四度も天気予報に耳を傾け、週末とその後の傾向を探る。次に天候が悪くなったら、雪はたくさん降るのだろうか。その後、低い気温が続くのだろうか。暴風雨が過ぎ去ったら、再び気温は上昇するのだろうか。その天候によって、山小屋までの道のりやマッターホルンの雪は来年の夏まで残ったままになる。あるいは再び雪が融けて、シーズンが続くのだろうか。「山小屋を閉めるかどうか」の判断は数日前に下さなければならない。来週末の予約をとっていいのだろうか。あちらこちらの山岳ガイド協会にも、いつ閉めるのか前もって知らせなければならない。ヘルンリ小屋を早く閉めすぎると、周りからの問い合わせが煩《わずら》わしく、嫌味なことも言われる。微妙で難しい判断だ。

この木曜日の午後に聞いた天気予報は明確だった。明日は強い南風を伴う低気圧が近づくというもので、フェーン現象が起こる可能性が高い。風が吹いている限り、雨は降らないだろう。しかし、夜になって風がおさまると、雨になる可能性がある。低気圧の中心が地中海上に停滞すると、南からの湿度の高い空気がアルプスに押し寄せる。そこに北からの冷たい空気がぶつかると、大雨になる。予報では降雪高度が一八〇〇メートルだという。つまり、谷間の村までになるということだ。状況は明らかで、決定は難しくない。

明日の金曜日はまだマッターホルン登攀が可能だ。小屋には山岳ガイドとその客しかいないので、心配することはない。皆、天気が悪くなる前に小屋に戻ってくるだろう。さあ、この夏のヘルンリ小屋の営業は明日で終わりだ。午後にはアルピンセンターや山岳交通機関にその旨を通達した。

夕食後に夏シーズンのお別れ会をする。いつものように二十二時に電気を消した。キッチンのガス灯の下に十人の地元山岳ガイドが集まる。ステファンは五十平方センチもあるような大きなティラミスを作っていた。それに美味しいイタリアワインで乾杯だ。

気楽でいい雰囲気だった。一緒にこの夏シーズンを振り返ってみる。笑ったり、涙を流したりして話す。小屋のスタッフは本当にいいチームだった。気持ちよく一緒に働くことができた。このまま仕事が続いてもいいぐらいだ。しかし、この三〇〇〇メートルの標高では本当に夏らしい気温を体験していない。皆、秋が素晴らしい天気になるように願っている。

しゃべりたいことがいっぱいある。笑い話もいっぱいある。三カ月の間にいろいろなことがあった。シーズン初めのことも良い思い出になっている。いつも「ねえ、覚えている?」で始まる。この夜の最初の話題の主はケヴィンだった。

小屋の三階に四つの水槽タンクがあり、定期的に水を満たしていく。タンクが満杯になる直前に要領よくポンプを止めなければ水が溢れる。ケヴィンが担当している時だ。いつもきちんと責任を果たしているのだが、その日はお客と話をしていて、気が逸れていたようだ。ポンプをタイミングよく止めるのを忘れ、起こるべきことが起こった。三階から数百リットルの水が溢れ、地下室まで流れていった。三十台のベッドがビチャビチャに濡れ、地下室は半分水に浸ってしまった。ケヴィンは自分が犯した失敗にショックを受けて、半ば放心状態で、バケツと雑巾を持ってウロウロしていた。この標高では湿度が高くて、濡れたらなかなか乾かない。それで、今晩は宿泊客を三十人少なく受けることになるんだと思い、腹が立った。失敗を犯したケヴィンをなだめる代わりに、「何をボヤボヤしていたんだ」と詰《なじ》ってしまい、ますます険悪な状態になった。しかしながら、皆で協力したお陰で二時間後には大体の掃除が終わり、一緒にひと息入れたときは、笑うことができた。この「水騒動」に関する話を思い出し、今晩また、笑い話のネタになった。

次はヤスミンの番だ。

「私はあの大量の注文のことが一番思い出に残っているわ」と笑い顔で話し始めた。

天気は悪く、テラスには数人の日本人が座っているだけだった。ヤスミンが注文を受け、いつものようにキッチンに戻ってきた。コーヒーカップを次から次へと出して並べていく。

「いったい幾つ注文があったの？」

「四十四」

「え、なんて言ったの。四十四？　僕の聞き違い？」

「いいえ、その通りよ。四十四」

「ほんとに？」

ヤスミンも多いなと思ったらしいが、同じグループのメンバーがこれから到着するのだと判断した、と今でも自己弁護する。そういうことならと、コーヒーを四十四カップ分準備し始めた。でもやはりちょっとおかしい、と思って「ねえ、やっぱりもう一度確かめる方がいいんじゃないか？　どう見たって、テラスには十人ほどしかいないよ」

ヤスミンは日本人に確かめにいった。今度は前よりはっきりと発音してくれた。「フォーティフォー」のコーヒーではなく、「フォー・ティー、フォー・コフィー」、すなわち四十四のコーヒーではなく、四つのティーと四つのコーヒーという意味だった。この話は、その後、いつも面白い笑い話の一つとしてよく口に出る。

「じゃ、今日はこれで終わりにしよう」と気は重いが、皆に言った。もう午前二時。そろそろ眠りにつかなければならない。早起きして登山者たちを起こす役割も、このシーズン最後となった。なんとなく寂しさが湧き起こる。毎年この夏シーズンの三カ月は矢のように過ぎていく。もうすぐまた、文明社会に戻らなければならない。五時三十分には皆、小屋を出て行った。私はテーブルの前に座り、これからするべき仕事のプランを立てる。

水道管は冬の間に凍結しないように、管やポンプの中に残っている水を空にする。タンクにはまだ二日分の予備が残っている。取付に立てておいた「キャンプ禁止」の看板を外す。風が吹き飛ばしてしまったら、また高価な看板を購入しなければならない。二十室の客室を片付け、掃除し、雨戸をきっちりと閉める。物置を片付け、掃除し、残っている物の棚卸をする。小屋内にあるタンクと水道管の水を空にする。テラスにあるテーブルと椅子は食堂に取り入れる。キッチンのオーブンを磨く。発電機と緊急時用のバッテリーを外す。置いておくと腐ってしまう食料品をまとめてツェルマットへ運搬できるように準備する。そして最後にお役所用の厄介な会計事務をまとめる。

二日間で全て終わるだろう。天気が許せば、来週の月曜日にはツェルマットまで飛んで行けるはずだ。こうして登山シーズンは完結する。

最後の山岳ガイドがこの夏のガイドを終えて小屋に帰ってきたのは、十四時だった。お別れの乾杯をした後、残ったのはスタッフのみだ。一緒に座り、仕事の分担をする。すでに強い風が吹いており、悪い天気が近づいていることが明らかだ。今のうちに小屋の外を片付けなければ。スタッフの一部は食堂の掃除を始め、雨になる前にテラスにあるテーブルと椅子を取り入れられるように場所を作る。残りのスタッフは私とヘルンリ稜の取付にある取水口を取り外す。この強風の中、厄介な仕事になりそうだ。実際、斜面をしっかりとした足取りで歩くのは容易なことではなかった。時速百キロはあると思われる風が吹いている。耳が痛い。早く終えなければ、もっと厳しい状況になる。ヘルンリ小屋は大きな崖の上にポツンと建っており、周りには風を防いでくれるものは何もない。時速二百キロの強風を体験したことがあるが、その時は本当に脅威を感じた。ようやくのことで何とか取水口を取り外し、小屋に戻った。その間に食堂は綺麗に片付いて、テラスのテーブルや椅子を取り入れる準備ができていた。無垢《むく》材製のテーブルは、重さ五十キロはある。その重さにも関わらず、突風のときは固定しなければ、吹き飛ばされる。

午後には、予定していた仕事がほとんど終わった。周りが暗くなる頃、風はおさまり雪が降り出した。雪が降るにつれて気温も下がってきた。すでにマイナス五度になり、まだまだ下がっていきそうだ。今日は早く寝ることにした。昨夜遅くまで起きていたので、皆、睡眠をとる必要がある。

「明日七時三十分にキッチンに集合。じゃ、お休み」

自分の部屋に行く前にもう一度真っ暗な外を見た。すでに新雪が五十センチは積もっている。しかもまだまだ積もりそうだ。気温はすでにマイナス十二度を示している。断熱が不十分で暖房もない小屋では、ひしひしと寒さを感じる。Tシャツ天気よ、さらば。わざわざ遠くまで旅行しなくとも、ここでは短期間に様々な天候を体験できる。日の出と共にヘルンリ小屋のシーズン最後の一日が始まる。本当に最後の日になるのかな？　雪はまだ降り続いている。午後になって、ようやく少し小降りになってきた。ジェノヴァの上空に停滞していた低気圧が北東に動いていったようだ。結果として物凄く力強い北風が吹いてきて、雲を吹き飛ばしている。まあ、いいでしょう。外の片付けは終わったし、小屋の中の片付けと掃除をするだけだ。あちこちに梱包した荷物ができていく。

土曜日は矢のように時間が経っていった。仕事もはかどり、この調子なら夜までに全て終わりそうだ。その時、はっと思い出した。「キャンプ禁止」の立て看板を取り入れるのを忘れていたのだ。ヘルンリ稜の取付、取水口の傍の三つの看板のネジを外し、なんとかして取って来なければならない。北風は以前より強い勢いで吹き付けている。そのまま放っておいたら、来シーズンには無くなっているだろう。また、購入しなければならない。

ちょうど十六時だった。近くにスタッフはいない。皆、小屋のあちこちに散らばって仕事をしている。どうせ数分で戻って来るから、と誰にも言わずに出て行った。暖かい服装をして、必要な道具を小脇に抱えて出て行った。風は強烈な勢いで吹き付けてくる。気温は低く、体感温度はマイナス三十度ぐらいだ。すぐに鼻や顎、頬の感覚が鈍くなってきた。小屋から取水口までの直線距離は約二百メートルある。普通の天候なら往復三分の所だ。しかし、今日は雪が五十センチ以上積もり、突風が吹いている。吹き飛ばされないように、立ち止まったり、かがんだり、岩の背後に回って風をよけたりしながら進んでいった。風は時速百五十キロはあったと思う。

二十分かかって、ようやく立て看板のところまで来た。ネジを回して看板を取り外すのは容易ではない。看板は縦一メートル、横一メートルの金属製だ。そこに風が猛攻を加えている。下手をすれば、一緒に飛ばされてしまうだろう。風が少しおさまるまで待つことにした。長い数分が経っていく。小屋ではもう誰かが私を探しているだろうか。いや多分、気づいていないだろう。こんな所にいるとは誰も思わず、小屋のどこか、地下室にでもいると思っているだろう。どちらにしてもどうしようもない。こんな強風の中、誰も助けに来ることはできない。考えてみれば、自分がいないことに気づいてくれない方が良い。そうすれば、こんな悪天の中で私を探そうとすることもない。雪と強風の中を這いずりながら捜索に出たりしたら、私だけでなく、スタッフまでが危険な目に遭う。ああ、誰も私を探しに出たりしないように、と思う。なんて馬鹿げたことだ！

そうしているうちに少しだけ風が弱まった。ちょうど良い。最初の看板を注意深く地面に寝かせた。強風が大粒の雪を顔面に吹き付ける。皮膚が剥がれるように痛い。歯を食いしばって続ける。さあ、二つ目の看板だ。しかし、風は再び勢力を増しており、待つしか仕方がない。また長い数分が経っていく。風はヒューヒューと音を立てながら、容赦なく吹きつけ、立っていることさえできない。氷のように冷たい雪が顔面に当たり、燃えるように痛い。風がおさまる機会を待つ。今だ。早くしろ！　二つ目の看板を倒し、足元に置いた。一体どれぐらいの時間がかかっているのだろう。服はもうびしょ濡れだ。体が凍結しそうに寒い。手はいつまで動くのだろうか。もちろん手袋をはめているが、手の感覚はもうほとんどない。さあ、三つめ、最後の看板だ。ゆっくりと体を支えながら看板のネジを外す。最後の力を振り絞ってなんとかやり遂げた。

ますます風は勢いを増してきた。風雪の中に屈み、取水口の鉄杭《くい》を両手でつかんで待つ。また、長い数分が経っていく。これがヘルンリ小屋での最後の日になるのか？　小屋は目の前にあるはずなのに、今は何キロも離れているように感じる。何度も早足で行ったり来たりした道。今は苦難の道、一メートル進むのに四苦八苦だ。今、この瞬間は一センチも進めない。

十分ほど待っても、風の勢いはおさまらない。だんだんと心配がつのってきた。本当に小屋まで戻れるのだろうか。今はなんとか鉄杭につかまっている。少しでも風を避けようと、雪の中に顔を伏せた。風に飛ばされた雪の結晶に顔を鞭打たれているより、この方がまだましだ。でも夜の間、ずっとこんなところにいたくない。本当に深刻だ。いよいよ私の命も終わるのか？「キャンプ禁止」の看板を取り外すために、凍死？

永遠とも思われる長い時が流れた後、ようやく風が少しおさまったような気がした。ゆっくりと顔を上げ、辺りを見回す。実際、風は弱くなっていた。神様、ありがとう！　まだまだ普通ではないが、少しは前に進める。早く戻ろう。三枚の看板を脇に抱えて雪の中を小屋に向かって進んでいった。しかし、喜びも束の間。百メートルほど進んだ所で、またも突風が吹き、立っていられない状態になった。

「嵐様は今日、お別れの挨拶として全力でお仕事をなさっているのでしょうか。絶対に忘れませんよ」

三枚の看板はまだなんとかつかんでおり、地面に平らに伏せた。看板が風に吹き飛ばされ、自分のした仕事が全て台無しになっていたら、もっとつらい思い出になったかもしれない。

冷たい雪に這いつくばって、何とかつかまるものを探した。岩場に指を入れられる割れ目があった。そこにつかまって待つ。もう何時間、外にいるのだろう？　スタッフの誰かに言っておくべきだったのか？　すでに私を探し始めているかもしれない。考えていてもしょうがない。ただ、風が弱まる機会を待つだけだ。また、そのチャンスが来た。手の感覚は全くない。顔は強烈に痛い。でもそれにも慣れてきている。命の助かる道はただ一つ。小屋に戻ることだ。だが、再び進めなくなり、雪に伏せて待たなければならない状態になった。北風が慈悲を与えてくれるまで、長い時間が経った。さあ、再び、立ち上がり、看板を持って進もう。周りはだんだんと暗くなってきている。

十八時頃になって、風の中をヨロヨロしながら、体の芯まで凍った状態で、ようやく小屋に辿り着いた。キッチンに入っていくと、皆が驚いた顔で見る。「いったい、どうしたんだ?」ちょっと出て行くつもりだったのだが、二時間も経っていた。誰も何も気づかなかったらしい。スタッフはそれぞれ与えられた仕事を別々の部屋でしており、私がいなくなったことなど、誰も気が付かなかったのだ。

「どこに行っていたの? 部屋にいるかと思ってた」

「キャンプ禁止の看板」とつぶやき、表を指さした。

「この時速百五十キロの嵐の中を、取付まで行って、看板を外してきたの?」

私は頷くだけだった。「その格好からみると本当に行ったんだね」

私の格好がどうであろうと構わない。とにかく小屋まで帰って来られたことが嬉しい。命にかかわるほどの危険な状態だった。運が悪ければ悲劇に終わっていたかもしれない。一応、鏡に自分の姿を映してみた。皮膚は雪の結晶で擦り傷だらけ、鼻と頬から出血していた。一番ひどい目に合ったのは手だ。凍っていた手がじわじわと解凍されていく。天井まで飛び上がるぐらい痛かった。再び暖かい血液が自分の手を流れていくのを感じる。数分後には痛みが少しはましになった。あれこれ考えながら外を見やったら、もう真っ暗だ。何というシーズン最終日だ。こんなことになるとは思ってもみなかった。しかし、これでお別れが楽になる。

ますます大きくなる風音で、我に返った。お別れ? シーズンの終わり? 本当にそうなのか、と感じているのは自分だけでなかった。

「明日までに風がやんでくれないと……」スタッフたちも何か静かになった。皆で一緒に窓際に立って嵐の夜を見つめる。真っ暗な中にポツンと建つ小屋が、急に寂しく忘れられた所のように感じられ、心細い。

「明日、家に帰れるのかなあ?」皆が気になっていることを、マルティーナが口に出す。

「十時にヘリを予約している。しかし、嵐が長引いたら、ツェルマットへ飛ぶことはできない。天気予報の見通しは良くない。嵐は多分、翌日の夜まで続くだろう。すなわち、もう一日長く小屋に留まることになる」

誰も、それを喜んではいない。私たちは皆この上が好きだ。しかし、今はそれも終わる時。ヘルンリ小屋のシーズンは終わったのだ。頭の中でも終わっている。今は皆、温かいシャワーを浴びて、美味しい食事を食べ、ツェルマットでのさよならパーティーを楽しみにしている。文化生活が呼んでいるのに、私たちは自然の虜になり、この山の中に留まる。もう一日余計に、何もすることもなく小屋の中でウロウロするのは、退屈なだけでなく精神にも悪い影響を与える。今できるのはお祈りして、願うだけ。私自身も今日はもう、とにかく終わりだ。あのひどい体験の後、ただ暖かいベッドに入りたい。スタッフたちも自分たちの部屋に下がっていった。皆、気分が落ち込んでいる。楽しく夜を過ごそう、などとは誰も思っていない。

夜中に何度も目が覚めた。風は建物の隙間に入り込んでくるほど強い。少しはおさまっているかと何度も窓から外を見る。しかし、勢いを弱めることなく吹き続けている。小屋の周りを追いかけ、叫び、口笛を吹く風は、私の耳を襲ってくる。まだ小屋を去ってはいけないのだ。風が私たちをこの山上に捕らえている。

そして、月曜日の朝、悲しい現実が待っていた。ヘリは北風のために飛べない。スタッフたちは少しショックを受けている。しかし、まだ午後に飛べるかもしれない。希望は捨てない。

「ひょっとしたら、昼までには良くなる」と言っても誰も信じない。皆、黙り込んでキッチンに座っている。ただ風の音だけが聞こえる。その音が、自分たちがここにいる理由を思い出させる。静まる様子も全くない凄まじい音は、我々を苛立《いらだ》たせる。午後になっても時速百二十キロ以上の勢いで吹き続ける。だんだんと絶望的になり、結局諦めた。

この天気じゃどうしようもない。今日は帰れない。なんとかスタッフをなだめようと話しかけた。

「天気予報では火曜日になると風が弱まるそうだ。そうしたら、きっと谷に飛んで行ける」

今日一日、退屈な日をイライラしながら過ごすことになる。

「今日の村でのさよならパーティーを楽しみにしていたのに」とヤスミンが言うが、その気持ちは皆、同じだ。でもどうしようもない。毎年恒例のさよならパーティーのプログラムは、一日延期することになる。だが、その話をするだけでも楽しいものだ。どういう予定なのか、もう一度考えよう。すぐに皆のご機嫌が治った。

「村に着いたら、まず自宅に帰って身支度する」

「シャワーだ！」ステファンが声を上げる。

「集合は十四時。ゴルナー渓谷のヴィア・フェラータから始まる」

変化に富んでいて面白く、この渓谷の通り抜けは楽しい経験になる。

「時間はどれぐらいかかるの？」

今年初めてヘルンリ小屋で働き、チームに溶け込みとても良いスタッフだったマルティーナが訊く。もちろん彼女にとってこの渓谷下りも初めてのことだ。

「大体のところ二、三時間かかる。クライミングしたり、ザイルで懸垂下降したり」

「そして渓谷を通り抜けたら、レアンダーとシモーネがやっているレストラン・ブラッテンへ行って、食前酒で乾杯する」とステファンが続ける。そこからまた、ツェルマットより少し高いツムット集落まで歩く。とても美味しい食事を出してくれる小さなレストランがあるんだ。

「コンスティとグスティがやっているレストランでの夕食が、待ち遠しいよ！」この時ばかりは料理をしなくともよいステファンが嬉しそうな声で言う。

「で、一緒に楽しくおしゃべりしながら食事して、解散時間は、なし！」

たいていは日の出の後、レストランを出て行く。正真正銘のシーズンの終わり。でも今はまだその時を待つのみ。一日中、小屋の中に座って、読書やラジオの聴講、時々過ぎ去った夏シーズンの思い出を語る。

「ねえ、あのレギンスで登っていたスペイン人を覚えている？」ヤスミンが言う。二人のスペイン人は大雪で零度以下の気温の中、ヘルンリ稜を登攀していて、救助されたのだ。

「クルト、このシーズン、一番お気に入りの電話は？」マルティーナが訊いた。すぐに思いついた。

「一番気に入ったのはね、ヘルンリ小屋に宿泊予約を入れていた客が、ツェルマット駅から電話してきて、タクシーで迎えに来てくれ、と言ったこと！」

「で、マルティーナ、この夏一番美味しかった料理は?」と質問を返した。
マルティーナの顔が引きつるのを見て、皆、爆笑する。ステファンはある日、雑巾をカツのように料理してマルティーナに出したのだった。次から次へといろいろなことを思い出し、何時間もおしゃべりが続く。

ほんとに良いチームだった。それぞれがうまく噛み合い、素晴らしいチームワークだった。来年も同じスタッフで仕事ができると嬉しい。シーズンが良かったか、悪かったかというとき、問題になるのは売上だけではない。チームがうまく溶け合い、シーズンが終わってもまだ皆が仲良くしてたら、本当に良いシーズンだったと言えるのだ。チームワークがうまくいくときは、当然のことにキャッシュフローも良い。

明日は帰れるだろう。希望を胸に、皆眠りについた。ようやく家に帰れるのだ。私の看板外しの体験旅行は別として、二日二晩、小屋に閉じ込められた。朝七時、ヤスミン、ステファン、マルティーナと私はテラスに立っている。素晴らしい天気だ。風もない。何と気持ちのいいこと! 周りの山は全て真っ白。標高二〇〇〇メートルまで降雪して、メルヘンのように美しい。この景色ともお別れだと思うとやっぱり悲しい。

物憂い気持ちで荷造りを始める。残った食料品はヘリ用のネットに入れる。私はもう一度小屋に入り、部屋を回ってブラインドやドアがきっちり閉まっているか確認する。最後に正面の入口に鍵をかけて終わりだ。ついこの間、鍵を開けたばかりのように思われる。三カ月は矢のように過ぎていった。小屋は、ふたたび冬眠に入る。ヘリが来るまで一時間ある。チームはテラスに座り、日光浴をしながらそれぞれの思いにふけり、小屋との別れを惜しんでいる。

シーズン毎にいろいろな出来事が起こる。不幸なこと、素晴らしかった経験。ハイシーズン中に多くの客がいるとき、あるいは悪天候で少ししか客がいないとき、それぞれ様々なストーリーがある。チームは三カ月間、昼夜をともにして家族のように生活し、仕事をした。短期間の間に集中した内容の濃い経験だった。

私には夏シーズンのことをいつまでも懐かしく思いふけっている時間はない。シーズンが終われば、次の仕事が待っている。スキー教師、山岳ガイドとしての仕事が始まる。加えて、年間を通してレスキューの仕事がある。でもその前に休暇だ。家族と一緒に、絶対に水が凍らないところへ旅行する。

無線が我に返らせた。パイロットのゲロルドから三分で到着するとの知らせだ。三回の往復で、人も荷物も全てツェルマットまで運ばれた。私は最終便に乗った。ヘリから小屋を見ると雪の中に忘れ去られたように一軒だけ建っている。九カ月後に、また来るからね。

ヘリはツェルマット基地に到着した。三カ月前に出発したときと同じように、全員揃ってヘリポートに立っている。違うのは、各人それぞれに、経験豊かになったことだ。

感謝の辞

両親：オルガとフーベルトへ
夢を叶える為に必要な自由を私に与えてくれた。

妻のレベッカと息子のケヴィンへ
二人のサポートと応援がなければ、この本は実現しなかった。

過去数年間の全ての勤勉なスタッフ達へ
従業員としてやってきたが、共に生活し、家族のようになった。

以上の人たちに感謝の意を込め、この本を捧げます。

クルト・ラウバー

マッターホルン星夜／小川清美

山への尊敬と恩恵の念

訳者後書き

二〇一五年はマッターホルン初登頂から百五十周年に当たる。ツェルマットは様々な祝賀行事を計画し、すでにお祭り気分が高まっている。そんな記念の年にクルト・ラウバー氏の本、「Der Wächter des Matterhorns」（オリジナルタイトル）の日本語訳が出版されることになったのは、ただの偶然かもしれないが、訳者にとってはそれ以上に感慨深いものである。著者のラウバー氏はもとより、観光局関係者も大いに楽しみにしてくれている翻訳本だ。

ツェルマットにやってくる日本人観光客は多い。午後のメインストリートは、午前中にハイキングをして戻ってきた日本人であふれる。あちらこちらから日本語が聞こえてきて、ここはどこなのか、と思うほどだ。そんな一般観光客だけではなく、もちろんマッターホルン登頂を目指してくる日本人も多い。ほとんどの登山者がヘルンリ稜ルートを登る。ツェルマットからロープウェイでシュヴァルツゼー（二五八三メートル）まで上がり、標高差六七七メートルを歩いて克服するとヘルンリ小屋（三二六〇メートル）に到着する。

そのヘルンリ小屋の管理人をしているのが著者のクルト・ラウバー氏だ。国際山岳ガイドとしてマッターホルンに三百五十回以上も登頂。一九九五年から、夏期のみ営業しているヘルンリ小屋の管理人をしながら、要請が入ると世界屈指の山岳レスキューの副隊長として出動。出動件数は二十年間で千回以上に及ぶ。ラウバー氏は通常の生活からかけ離れた山小屋での出来事を書き綴る。毎日の暮らしぶり、実体験した救助活動の秘話、山に来る人たちの人間模様、自然の脅威、喜びと悲しみに対する理解、家族のこと、マッターホルンにまつわるエピソードなど、ラウバー氏ならではの貴重な内容だ。

マッターホルン登攀に関する情報も入っており、これから登攀を予定している人にも参考になる。そしてこの本は、山に対して尊敬と恩恵の念を持つように導いてくれる。登山やクライミングをしない人でも、実際に自分がそこにいるような気分になり、マッターホルンや登山に情熱をかけている人の気持ちを理解し、山の世界に近づくことができるだろう。

マッターホルンやツェルマット周辺の山で遭難し、ラウバー氏に世話になった日本人も少なくない。訳者も通訳として捜索に関わったことがあるが、ラウバー氏の率直で責任感があり、しかも温かみのある人柄は任務にぴったりだと感じた。レスキュー隊のメンバーは二〇一五年に新編成された。すでに辞職していたラウバー副隊長に続き、三十四年間勤めたブルーノ・イェルク隊長も第一線から退いた。新しく改装された山小屋と同様、こちらにも新風が吹くだろう。

百年の歴史の詰まっている古い小屋での出来事、その一部でも本にまとめてくれたラウバー氏の貢献は大きい。過去の一幕としてのヘルンリ小屋日誌。一つの伝統が本になって残る。一般に、山男は部屋にこもって事務仕事をするのが苦手だ。そんなラウバー氏が仕事の合間に机の前に座って書いた文章は飾り気がなく率直だが、心からの声である。いくつかの章に分かれているストーリーは読みやすい言葉でテンポよく描写されており、面白くて読み出したら止まらない。

翻訳にあたっては、ヘルンリ稜ルートでマッターホルン登頂を果たし、山の様子を実体験している志津、ツェルマット関係の和訳では経験の多い淑美がお互いの不足分を補充した。文章の裏に込められている意味を、とりわけスイス人的な心情の叙述を日本語で理解できるように訳すことに努力したつもりだが、日本の読者にそれが伝わると嬉しい。

私たちの日本語記述の間違いを正し、さらに解りやすく校正してくださり、専門家として山言葉を適切に校閲してくださった海津正彦さん、編集部の永田秀樹さんに心から感謝する。

共同翻訳：ブルンネル淑美・西村志津

マッターホルンは心までも映し出す（撮影／小川清美）

マッターホルン最前線
ヘルンリ小屋の日々と山岳レスキュー

2015年7月27日　初版発行

著者　クルト・ラウバー

訳者　ブルンネル淑美、西村志津

発行者　川瀬真人

発行所　東京新聞
〒100-8505
東京都千代田区内幸町2-1-4
中日新聞東京本社
電話［編集］　03-6910-2521
［営業］　03-6910-2527
FAX　03-3595-4831

印刷・製本　株式会社シナノパブリッシングプレス

定価はカバーに表示してあります。乱丁・落丁本はお取りかえします。
ISBN978-4-8083-1004-2　C0075